不讓情緒左右人生的用腦術

和田秀樹—著　莊雅琇 譯

第1章

焦躁不安、煩悶易怒，原來是大腦讓你「惱」

第2章

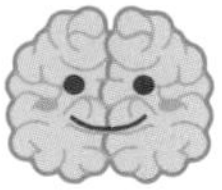

有快樂的大腦，才有快樂的生活

第3章

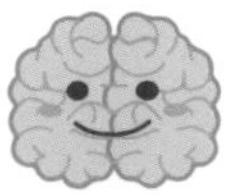

不為小事抓狂的情緒管理術

第4章

簡易額葉鍛鍊法，讓大腦再開發

第5章

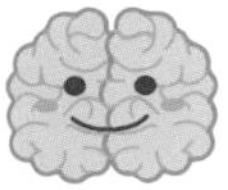

不是沒有情緒，而是別被情緒左右

第6章

最實用的EQ訓練法

推薦序

灰色人生變彩色，由額頭後啟動

中國醫藥大學醫療體系執行長　許重義

「人生不如意事十之八九」，這是蔣經國總統在權勢達到最高峰時的感覺，也是領導經營台灣最成功的高科技集團——台積電張忠謀董事長的名言。如果位高權重與事業成功的名人對人生都會有這麼不順遂的感受，那麼像我們絕大多數平凡的人，對人生的看法是不是會更有不順利的感覺？

美國有一句很流行的俗語：「人生是很嚴峻苛刻的。」（Life is tough!），也有一句常被提到的銘言：「人生不是完美的。」（Life is not perfect!）。連全世界最富強國家的人民對人生都有如此看法，在貧窮落後國家如非洲的黑人，他們的生活是怎麼過的，對人生的看法如何？美國對教養孩子較有前瞻性規劃的家長，帶著孩子出國旅遊時，會挑選貧困落後的國家如緬甸、烏干達等國度，讓小朋友從小就開始耳濡目染，對未來的人生將會產生一種幸福得來不易的正向人生觀。

人生的先天環境與成長過程人人有異，天賦與際遇也人人不同，家庭情況亦是家家相異，但是可以確定的是「家家有本難唸的經」。如何在上述這種人生的旅程，經常遭遇到不符心理預期所帶來的挫折感中，尋找比較滿意的抉擇，才能順利度過困境，這是每個人在人生的旅程中，會一再遇到的問題。

《不讓情緒左右人生的用腦術：日本精神科醫師教你60種練習，鍛鍊大腦額葉，停止抱怨焦躁，遠離憂傷煩悶》這本書，就是為我們解決上述人生不如意、失敗挫折、心灰意懶、痛心悲傷各種困難際遇的教戰手冊。書中以正向樂觀的策略，開導心靈的解方，啟發腦功能化解負面心理與憂鬱精神病態，提供各種善用腦力的奇計，極具創意。而且皆以我們的人生過程中會遭遇過到實際範例，個別提供解決的應變模式。

本書獨具特色的優勢，是引用腦神經科學專業知識，強化讀者對本書各種創意療法，深信是具有醫學與科學的證據，因而讓讀者對這套開闊樂觀心靈的一連串策略，產生深感震撼力的可信性。

作者使用深入淺出的解說，讓讀者進入深奧的腦功能殿堂。其中詳細解說大腦額葉功能，是本書與所有心理改善書籍比較，最具特色的優點。額葉是大腦掌管人生七情六慾的總司令部，每個人在面對各種悲傷喜樂的不同情境時會如何應對，額葉的功能極具重要性。但是額葉如何調控人生心態是超複雜的機制，本書是腦科學教科書以外，將大腦額葉如何掌控人生悲傷歡樂，以最易理解、最能令人感受額葉如何承擔情緒負荷、如何辛苦工作及調整心態的過程，平鋪直述呈現給讀者。

書中依序解說如何啟動額葉超乎凡人想像、最具震撼力的腦功能，引導讀者發揮額葉的超級影響力，帶動心緒大翻轉，將人生由灰色變彩色。

前言

本書將為各位介紹源自腦科學及心理學知識的有效實踐法，幫助各位掌控「湧上心頭的焦躁」、「莫名煩悶不堪」的負面情緒，享有海闊天空的精彩人生。

以上是我想在書中強調的內容。

生存在現代社會，如果意志不夠堅強，日子恐怕會很難過。職場上必須顧及上司與下屬的人際關係，在家裡也須扮演好丈夫或妻子、父親或母親的角色。

隨著年紀增長，孩子也成長至不易管教的年齡，要處理的情況似乎比從前更複雜。

雪上加霜的是，父母或自己的健康也於此刻亮起了紅燈。

還有其他層出不窮的狀況。像是上司的無心之語聽起來格外刺耳，遭受挫折時也會難以誠心接納友人的鼓舞與關懷，甚至還變質成憤怒與嫉妒的情緒。

於是，種種問題日漸鬱積在心底。一旦對這樣的自己心生厭惡，或是自慚形穢，別人自然也會覺得「這個人真難搞！」，人際關係因此惡化，深陷惡性循環裡。

現實生活中，不少人即是處在壓力破表的環境，又苦於沒有足夠的時間調適心情。大家切不可小看負面情緒的威力。揮之不去的憤怒、悲傷、嫉妒、焦躁，終會影響日常生活，導致食不下嚥、夜不成眠。情況若繼續惡化，也有可能演變成憂鬱症等精神疾病。

不少人對於湧上心頭的負能量，往往會自責「是我脾氣不好」、「自己應該要堅強一點」。但老實說，這並不是自己的錯。

隨著腦科學研究的日新月異，如今已證實，人會因為年齡增長而愈來愈難以掌控情緒，而且每個人或多或少都會如此。因此，情緒變得難以掌控，可說是眾多老化現象的其中之一。

再進一步說明。情緒失調之所以由於大腦的作用所致，是因為大腦會隨著年齡增長而萎縮，腦部狀態因此產生變化。

大腦裡負責掌控情緒的是額葉（Frontal lobe）。從整個腦部來看，額葉的位置接近大腦表面，相當於額頭內側。

各項研究顯示，額葉扮演掌控情緒的重要角色。而額葉會受到年齡增長等各種因素影響而老化（退化），使情緒管理變得困難。

在書中，會再為各位詳細解說這些觀念。總之，我們可以藉著改善額葉功能，學會妥善處理負面情緒。

你是否有過下面的類似體驗呢？

當心煩意亂焦躁不已，心情猶如積壓了大石而無比沉重時，卻因為別人不經意的話語或行動，烏雲頓時消散，心情暢快地前後彷彿判若兩人。這就是額葉發揮了作用。

人類本來就具備適時轉換心情的功能，而不必刻意去改變心境，讓自己轉憂怒為喜樂。只不過腦部狀態會隨著年紀增長而功能衰退、老化萎縮，進而影響情緒控制力。

本書不只提供轉換心境或改變想法的解決方案，更詳細解說如何以實際的行為習慣改善額葉功能。

為什麼培養行為習慣如此重要？因為特訓是無法長久持續的。像是曾經流行的一系列大腦訓練確實能有效加強額葉功能，但困難之處在於實行後若是覺得興致缺缺，便很難持之以恒。

然而，平實的方法可以融入生活習慣中，再也不必每天激勵自己：「加油，今天也要繼續強化大腦！」

本書介紹的方法只需習慣成自然，即可輕輕鬆鬆持續下去。相信各位能在不知不覺間，不斷促進大腦活絡。

不過，聰明的讀者閱讀本書後，也許會質疑：「更年期容易焦躁，不是因為受到荷爾蒙的影響嗎？」、「憂鬱症的情緒低落，應該是腦內神經傳導物質分泌不足的關係。」

確實如讀者所言，本文也會針對以上兩點詳細解說。

除此之外，還會提到藉由解決負面因子，避免負面情緒擴大；以及找出正面因子，加強額葉的功能。如果你不知道如何面對負面情緒，或者想擁有令人驚艷的創意發想，又或是想改善工作上的人際關係，本文也有許多有用資訊可供參考。

我已經超過五十五歲，依然持續運用自己身為醫師導引出的理論來刺激大腦（額葉），並且隨時提醒自己保持心境平穩，不被情緒所左右。或許因為如此，同輩朋友常常對我說：「你感覺好年輕！」他們說的也許是我的外表，但我認為應該是指我的觀念及想法，可能是我到了這個年紀還想挑戰各種事物，才讓他們有此感受。

其實主要是我每天都按照書中所說的方法鍛鍊大腦，而這些方法就醫學觀點來看，也相當完善。請各位務必養成習慣，改善額葉功能。

但願各位都過著更加燦爛而充實的人生。

和田秀樹

第1章

焦躁不安、煩悶易怒，原來是大腦讓你「惱」

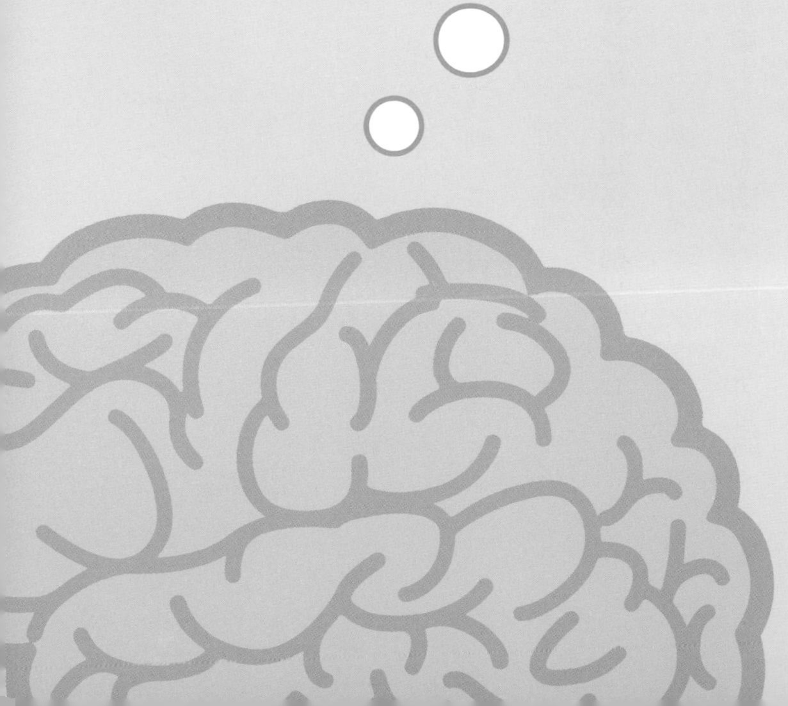

練習1

了解藏在大腦裡的情緒祕密

許多人覺得「老是焦躁不安」、「莫名煩悶不堪」的情緒波動，是自身的性格所致。

一般認為每個人都有的情緒是發自內心，但所謂的「心」究竟在哪裡？

一看見喜歡的人、一遇到緊張的場面，胸口都會怦怦跳。所以從前都以為「心」就是指心臟。

然而，隨著醫學進步，我們了解「心」不是來自心臟，而是大腦玩的把戲。所有的喜怒哀樂情緒，都是源自大腦的作用。因此，情緒由大腦產生，也受大腦主宰。

聰明的讀者想必會問：「更年期障礙不是也會影響情緒起伏嗎？」確實如此，談到情緒是否「全由大腦掌控」，倒是無法全盤說「YES」。

各位應該都聽過，當女性進入更年期，由於荷爾蒙失去失衡，會很容易焦躁，有的人也變得暴躁易怒。

最近的研究顯示，**男性荷爾蒙較多的人，不論男女都會更善於交際**。由此可知，體內分泌的荷爾蒙化學物質也會以各種形式影響情緒。

人體雖然有免疫功能（這是保護身體的一種機制），但免疫功能一旦下降，情緒就會低落。像是我們因免疫功能下降而感冒時，身體不適會影響心情，自怨自艾地心想：「我就是工作能力差的廢柴！」又或者生病時倍感孤單、脆弱，想找人安慰，因而對照顧自己的人產生好感。像這樣，當免疫功能下降成了身體變化的引爆點，自然也有可能改變情緒。

不過，荷爾蒙的分泌與免疫功能同樣都會經由大腦作用影響情緒。大致上來說，幾乎所有情緒都會受到某種大腦作用所影響。

本書主要探討的便是大腦與情緒的關係，這一點還請各位先了解。

練習 2

認識你的情緒腦

話說回來，情緒到底是從大腦何處產生的呢？相信很多人回答不出這個問題吧。

根據研究指出，人的情緒是出自腦內的邊緣系統（Limbic system），一般認為是在大腦的正中央。

邊緣系統是指由扣帶迴（Cingulate gyrus）、杏仁核（Amygdala）、海馬迴（Hippocampus）所構成的大腦結構總稱。扣帶迴負責處理血壓、心跳、呼吸調節、做決定、產生共鳴、認知等情緒；杏仁核負責處理莫名的恐懼、不安、悲傷、喜悅、直覺等情緒；海馬迴則是掌控來自眼、耳、鼻的短期記憶與資訊。

邊緣系統的外側有大腦新皮層（Neocortex），主要是掌控理性分析的思考能力和語言功能，所謂的「理性」也是由這個大腦新皮層控制。因為這是從低級生物演化成人類等高級生物時形成的全新腦部結構，所以稱為「新皮層」。

因此，就演化的歷史來看，最先形成的大腦結構是邊緣系統，後來才是大腦新皮層。當邊緣系統受到刺激，就會產生愉快、恐懼、悲傷這類的本能情緒反應。

然而，即使是相似的情緒，也有各自不同的類型。

例如，單從「恐懼」的情緒來看，有的是「我很怕那位暴躁易怒的上司」，有的是「我有

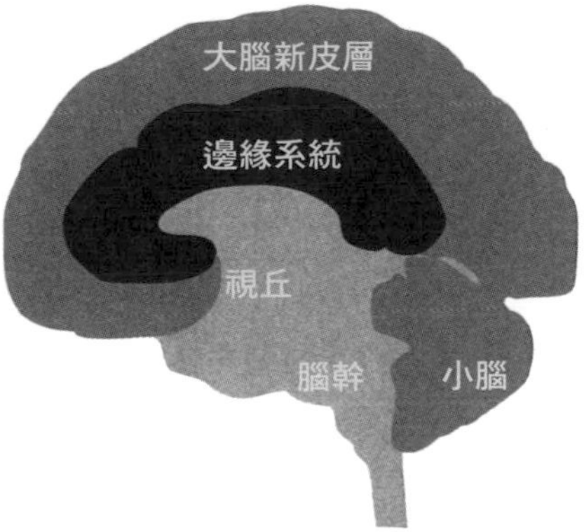

大腦的邊緣系統

懼高症」，也有的是「我怕鬼」。大腦新皮層的作用，便是讓同樣的「恐懼」情緒，擁有如此不同種類的含意。

不僅如此，即使接受同一種刺激，每個人的實際感受有時也各不相同。例如觀看同一張靈異照片，有的人會害怕得連看都不敢看一眼，有的人卻是目不轉睛地瞧得津津有味。

為什麼會有如此大的差別？因為最初產生的「情緒」，會在當事者的成長過程中受到經驗與知識、教育等各種不同層面的影響，形成左右身心甚鉅的強烈情感。反過來說，也有的會變成微不足道的情感。

換句話說，邊緣系統所產生的情緒，在發生當下並沒有太大的個別差異。開心或害怕這兩種不同情緒所帶來的差別也沒有那麼大，之所以會出現各式各樣的詮釋方式，形成深淺不同的情感差異，主要是大腦新皮層的反應因人而異。

大腦新皮層的最大特徵是每個人理性處理情緒的發展程度不一樣，於是造成差異。

人與動物不同，即使生氣，也不會立刻訴諸暴力。就算內心難受，也能忍住淚水。

知道對方正在生氣或傷心難過時，想說的話也會吞進肚子裡。

人類比動物更擅長表面功夫。自從人類開始過著群體生活，肯定就在社交能力加速發展的階段，演化出新的大腦新皮層。

不過，這種社交能力有時也會失序。沒錯，例如在三杯黃湯下肚之後。酒精對人體的刺激性極強，飲酒過量會麻痺整個大腦。

舉例來說，大腦新皮層一旦麻痺，就會失去理性。像是在居酒屋大吐對公司日積月累的不滿，或者對有好感的異性示愛。

如果繼續大量酗酒，邊緣系統也會產生麻痺，剝奪了運動功能與記憶力這兩項動物維持生命所需最低限度的基本能力，所以才會有醉得踉踉蹌蹌、記憶空白的情形，像是：「我不記得自己是怎麼回家的。」

總而言之，**所謂的情緒，便是「由邊緣系統產生，再由大腦新皮層賦予意義。」**

從上述種種證據看來，大腦新皮層肩負「塑造人性」的重要任務。因此，本書所要探討的「老是焦躁不安」、「莫名煩悶不堪」的情緒，就是因為大腦新皮層出現了問題。

也就是說，只要改善大腦新皮層的狀況，即可妥善處理這些情緒。

練習3

額葉失調，情緒也易失控

早在一九三〇年代，便已提出「情緒是由邊緣系統產生」的假設。經過後人日益的研究，有了更重大的發現。

事實上，過去早已假設控制情緒的具體位置，就在腦內的大腦新皮層中，即命名為「額葉」的區域。

大腦新皮層覆蓋邊緣系統周圍，並根據各部位分成額葉、頂葉（Parietal lobe）、顳葉（Temporal lobe）、枕葉（Occipital lobe）。其中，**額葉在頭部前方，相當於額頭的內側**。

為什麼說「額葉負責掌控情緒」呢？

舉個例子。若是罹患腦梗塞或腦瘤等腦部疾病，病患會因為腦部受損部位而產生不同的影響，有的人失去計算能力，有的人則會說不出話來。因為大腦各區域負責的功能各不相同。

但令人大感意外的是，額葉如果受損，智力測驗的成績並不會下滑，受影響的反而是控制情緒的能力。

葡萄牙籍的埃斯加・莫尼茲（António Egas Moniz）醫師在第二次世界大戰前的一九三五年發明了額葉切除術（Lobotomy），一九五〇年代則證實這項手術產生的後遺症，因而也令人聯想到額葉與情緒的關係。

額葉切除術是從人體其他部位進行切除額葉的手術。方法有許多種，有的是在頭蓋骨上鑽一個洞，利用細長的手術刀切除額葉；有的是將冰錐插進眼窩，切斷神經纖維。

當時已假設額葉會造成負面情緒，為了改善尚無治療方法的思覺失調症及憂鬱症等精神疾病，才發明了額葉切除術。

美國精神科醫師渥特・富利曼（Walter Freeman）等人對精神病患施以額葉切除

術後，發現可抑制精神病患的暴戾性情，這項劃時代的治療方法因此風靡世界各地。

發明額葉切除術的莫尼茲醫師於一九四九年獲頒諾貝爾生理暨醫學獎，得獎理由是「發現額葉區域腦神經切斷療法，對特定精神疾病具有治療效果。」

在施行額葉切除術後，如果病患的智力完全不受影響，確實是一項能穩定情緒的劃時代療法。

然而，自從莫尼茲醫師獲獎後，卻陸續發現有些病患變得無精打采、缺乏感情，失去了自我。

原以為是「奇蹟手術」的額葉切除術，

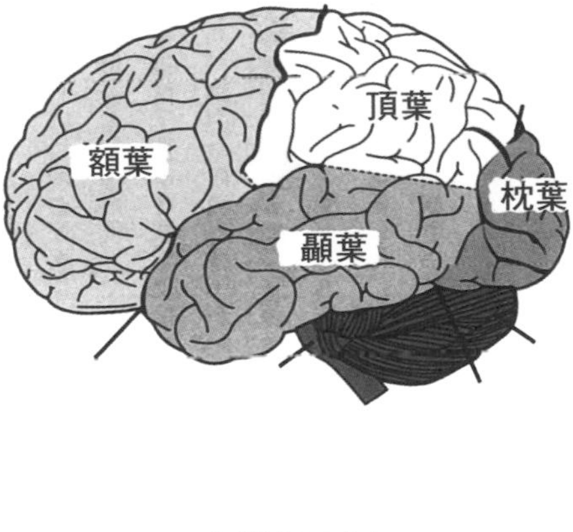

大腦新皮層

頓時成了「惡魔手術」而遭到全球禁止施行，但是人們也因此了解情緒的掌控是與額葉息息相關的。

到了一九九〇年代後期至二〇〇〇年代初期，隨著檢測大腦活動的科學儀器日新月異，已能利用磁振造影（MRI）技術具體呈現腦內的血流量，腦科學因此急速發展。

經過研究證實，人的所作所為，是由大腦的某個區域主導。例如讓接受試驗者進行算數與朗讀，會發現腦部血流量活絡的區域各不相同。透過實驗即可得知，「算數是與腦部某個區域有關」。

一般來說，角迴（Angular gyrus）是算數中樞；顳葉則是語言中樞，與朗讀時的語言理解能力有關。這些行為確實能增加該區域的血流量，但是研究顯示，額葉的前額葉皮質（Prefrontal cortex）血流量更多。由此可知，**算數及朗讀可活絡額葉**。

另一項實驗則顯示，人處在驚慌狀態時，額葉的血流量會大減。由此便能大致了解，額葉功能不佳時，即無法有效掌控情緒。

練習4

遠離讓額葉衰退的三大危險因子

造成額葉功能衰退的原因，可分成三大要素。

一、額葉缺乏活動。

額葉必須正常發揮功能，才能妥善控制情緒。因為額葉掌控思考及慾望、情緒、個性、理性，若是希望額葉發揮作用，就要在上述的各個面向給予刺激，藉此便能增加額葉的血流量，也就是「動腦」。

身體任何部位都是愈動愈靈活，不動的話就會「生鏽」而變得遲鈍。

手臂或腿曾經骨折的人，即使年紀很輕，也會發覺手臂因為一段時間無法活動而變細、腿也沒辦法正常行走。而這種情形年紀愈大會愈明顯。

人的身體不會像機器一樣愈使用愈耗損，反倒是全身都得活動到才能維持功能運作。因此，活絡額葉時，需針對「思考、慾望、情緒、個性、理性」等各種行為活動給予刺激。

下一章會針對這一項詳細說明。

二、動脈硬化。

儘管每個人的老化速度不同，但血管最後都會失去彈性。年輕時，所有人的血管猶如橡皮一般柔韌有彈性；年老後，血管就會變得像舊輪胎一樣硬梆梆。

膽固醇若是沉積在變硬的血管裡，會造成血液循環變差，呈現動脈硬化的狀態。

一旦動脈硬化，血液便無法順利輸送至大腦，導致整個腦部的功能下降，額葉自然也會受到影響，因而容易產生自發性活動減少與慾望減退，或是「一掉淚就止不住」的情緒失控等現象。

每個人在年歲漸高後血管都會變硬，動脈硬化也可說是一種老化現象。不過，一如其他老化現象，同樣會因各人的生活習慣不同而有差異。

一般認為糖尿病及吸菸是加速動脈硬化的危險因子，其他還有高血壓、高膽固醇、肥胖、壓力等等。如果能排除這些危險因子，預防動脈硬化，即可維持額葉的功能。

三、血清素（神經傳導物質）減少。

血清素的功用在於調節其他神經傳導物質，例如多巴胺（喜悅、歡愉）、去甲腎上腺素（恐懼、驚嚇）等資訊傳遞，有助於穩定情緒。

血清素減少所引起的其中一種症狀，就是憂鬱症。血清素與其他分泌物質一樣，會隨著年齡增長而逐漸減少，因此，高齡者容易罹患憂鬱症。年輕人如果血清素暫時減少，也會出現憂鬱症狀。

血清素減少會使額葉功能變差，即使沒有嚴重到憂鬱症的地步，仍會使人意興闌珊或焦躁不安。

練習5

腦細胞死亡，大腦也會萎縮

身為精神科醫師，我至今已使用能夠拍攝腦部斷層影像的X光電腦斷層攝影（CT）與磁振造影等儀器，檢查過四千多名病患的大腦。目的是為了深入研究，因為即使是沒有明顯症狀的輕微腦梗塞，也需了解嚴重程度究竟如何，及大腦其他區域是否還有疾病。乍看之下可能是憂鬱症或失智症，但有時其實是因為其他疾病而引發類似的症狀。

關於觀察四千多張人腦影像的心得，我發現年紀愈大、大腦會愈小屬於自然現象（這一點當然大家早就知道）。比較年輕人與高齡者的腦部，後者的大腦顯然小得多。這是因為腦細胞死亡，造成大腦產生物理性的萎縮，可說是自然的老化現象之一。我也發現，大腦萎縮程度大致與年齡相符。

藉由上述這些觀察結果，便可掌握隨著年齡萎縮的腦部平均狀態，也能了解萎縮程度就其年齡而言是輕微或嚴重。

之後我又對照多篇論文，還找到了一項發人深省的研究。這是神經病理學專家謝佛所做的研究。內容是比較十位平均年齡七十七歲、沒有罹患失智症的高齡者大腦，以及五位十九歲至二十八歲年輕人的大腦。研究結果顯示，**額葉中掌控「自發性」與「慾望」的額極（Frontal pole），萎縮程度最嚴重**。

更精確地說，就神經細胞的減少率來看，枕葉為一三%、海馬迴約二〇%。相較之下，額葉的額極為二八%，比例最高，同樣位於額葉的前運動區（Premotor area）則是二二%，比例次之。由此可知，大腦是從額葉開始衰退。

就大腦各區域所司的功能來看，枕葉是視覺中樞，負責視覺功能。這區域若是受損，即使還看得見，但會失去空間概念，無法辨識圖像的意義。如果是半盲，會導致視野部分缺損。海馬迴掌管記憶，特別是語意記憶（Semantic memory）和情節記憶（Episodic memory）；前者是猶如編字典般的機械式記憶，後者是伴隨個人體驗的記憶。前運動區則是掌管自發性、慾望及管理情緒的區域。

換句話說，當大腦對於視覺訊息的認知能力下降，在出現「記性變差」的問題之前，首先會產生慾望減退及情緒難以控制的情形。

我非常認同「大腦從額葉開始萎縮」這句話，因為這與我看過眾多影像的想法一致。

萎縮的程度自然會因人而異，不過，「老是焦躁不安」、「莫名煩悶不堪」這類的心理狀態，有可能是大腦老化所造成。

如果神經細胞會在七十五歲以上時減少將近三成，老化速度快的人也許四十歲左右便已開始銳減。

練習 6

為什麼愈老會愈頑固？

額葉萎縮會使人變得難以處理事情及掌握情緒。其中一項明顯的症狀，就是俗稱的「老頑固」現象。

人一旦進入高齡階段，最見的情況是愈來愈不懂得靈活變通，總是固執於一種想法。不僅難以接受新觀念，也變得無法控制情緒，始終暴躁易怒，或是成天悶悶不樂。因為自控制力愈來愈差，因此被大家稱為「老頑固」。

我認為大腦僵化的現象，也是因為額葉衰退所致。換句話說，這是額葉受損，導致重複做同一件事的「固持」（perseveration）現象。

例如，在診治罹患失智症的高齡病患時，我會問他：「今天是幾月幾日？」他會正確回答：「六月十日。」但接著問：「你生日是幾月幾日？」他也會同樣回說：「六月十日。」

知道今天的日期，表示還保有理解能力，記憶力也相當不錯。可是回答不出下一個問題，這點與理解能力無關，而是無法「轉換」思維處理不一樣的問題。這種難以讓腦袋轉個彎的現象，就稱為「固持」。

腦部功能正常運作的人不太可能會發生固持現象。經研究顯示，出現這種情形的人，往往是因為額葉腦梗塞或腦瘤所致。

然而，額葉功能衰退時，過去沒有明顯固持情緒的人也會出現固持的情形。

例如，為某件事心煩時，如果無法順利轉換思維，惱人的想法就會盤據腦海形成一種固執的想法，這或許也算是種固持。有的人即因此擺脫不了焦躁不安與莫名煩悶，以及揮之不去的悲傷情緒。

從前認為這些心理作用，純粹是當事者的個性使然。但是看在我們專治高齡者的精神科醫師眼裡，這也是受到額葉衰退這項生物學的因素所影響。

練習7

情緒會被疼痛牽著走

在此稍微岔開話題，我想談一下，**加強額葉功能，也能改善腰痛與頭痛**。

額葉也與疼痛息息相關。有一派說法認為，加強額葉功能有助於舒緩慢性疼痛或頭痛、腰痛。梅約醫學院（Mayo Medical School）精神科榮譽教授、已故日籍精神科醫師丸田俊彥所寫的《疼痛心理學》（《痛みの心理学》）一書中即有詳細說明。

醫界有「疼痛門診」（Pain Clinic），由來自不同領域的醫師以各種方法治療「疼痛」。但有的症狀試著以藥物止痛也不見效果。對於這樣的病患，有時會以行為療法的形式，藉由運動舒緩疼痛。

病患若是對止痛藥產生依賴，醫師處方時不會開立錠劑，而是另外將藥物溶解在果汁裡，讓病患藉由飲用果汁慢慢擺脫止痛藥，進而改善症狀。

丸田醫師根據這些臨床經驗得出結論，認為病患之所以覺得同一部位始終疼痛難消，主要是受到心理因素影響。

持續的疼痛會讓人習以為常。每個人應該都有類似經驗，例如指甲剪得太深，剛剪完時不免有些腫痛，但是幾個小時後便會忘了疼痛。

還有用鉛筆的筆尖戳手，過了幾分鐘便不再感到疼痛；剛戴隱形眼鏡時會不舒服，也一下子就習慣，感覺不到它的存在。由此可知，人對同一種刺激的知覺無法持久。

這種概念基本上也適用於腰痛及頭痛，也就是擾亂本來的痛覺，不再感知疼痛。

話說回來，人為什麼會感到疼痛？是因為「意識到它的存在」。

由於情緒被疼痛牽著走，也就是產生固持現象，才會一直覺得痛。所以有人推論，若是改善額葉功能，讓情緒得以適時轉換，便不會在意疼痛。

有一家位於新宿的減壓診所便是利用磁氣刺激額葉，藉此提升憂鬱症的治療效果。據說他們也嘗試另一種方法刺激額葉，大幅提升了舒緩疼痛的療效。

練習 8

加強額葉功能可提升EQ

截至目前為止，我們談論了延緩額葉老化速度或加強其功能，可消除情緒不穩及疼痛等令人不快的感受。

更進一步來說，加強額葉功能，也能產生正面因子。

例如工作上所需的創意發想、靈活思考能力、敏銳的感性，以及懂得察言觀色的和諧人際關係，都是來自額葉的作用。

其中「敏銳的感性以及懂得察言觀色的和諧人際關係」，稱為EQ。

EQ是由美國耶魯大學心理學家暨校長彼得．沙洛維（Peter Salovey）、與新罕普夏大學心理學教授約翰．梅耶（John D. Mayer）共同提出的概念。經心理學家暨商業顧問丹尼爾・高曼（Daniel Goleman）博士彙整後，於一九九五年出版《EQ》一書，馬上成了全美狂銷百萬冊的超級暢銷書。日本在一年後也以《EQ——こころの知能指数》（《EQ——內心的智能指數》）的譯名出版而廣為人知。

然而，不知是否受到日本人只有三分鐘熱度的性格所影響，當時人們僅對EQ有粗淺的認識，甚少將它實際應用於生活，以致目前《EQ》其他幾本續作較不為人所知。

書中介紹EQ是「內心的情緒智商」，具有無法以IQ（Intelligence Quotient：智能指數）檢測而得知的能力。

這項研究調查的動機源於思考一項議題：為什麼有的人IQ高，但卻無法在社會上出人頭地？於是，該項調查便以這些人在其他方面的能力可能比較低為假設。

美國認為IQ高是成功的必要條件，但不是唯一條件，因為還必須擁有高EQ。

目前哈佛大學已將EQ課程納入商學院等菁英教育裡。在美國的菁英教育觀念中，不可以偏重IQ，而是在IQ的基礎上提升EQ。

ＩＱ檢測的是顳葉與頂葉的功能，ＥＱ則是顯示額葉的功能。加強ＥＱ確實有助於創意發想、靈活思考及轉換思維的能力。

換句話說，進行例行工作時只會動用到顳葉與頂葉，但是適應新的情況或創造前所未有的事物，則是運用額葉思考。

過去只要有效執行例行任務就能賺大錢的時代，只需高ＩＱ即可在工作上獲取成功。然而，如今的時代瞬息萬變，商業或銷售行為已非易事，具備高度創意發想及靈活思考能力、敏銳的感性，以及懂得察言觀色、做事面面俱到的人，更容易出人頭地。

僅有高ＩＱ已不足以在現代社會上立足，ＥＱ高的人反而較容易成功。一般認為，ＥＱ值愈高的人，其額葉功能也愈佳。

練習9

額葉受損，傷腦又易動氣

「如果額葉功能愈好，EQ表現會愈佳。」這是美國認知神經科學權威、愛荷華大學神經學院長安東尼歐．達馬吉歐（Antonio Damasio）的研究心得。

換句話說，若額葉遭受重大損傷，會使EQ能力下降。

達馬吉歐診治過一位名叫艾略特的三十多歲病患，他曾經事業有成，但因為額葉受損而無法繼續工作，過著形同廢人的生活。

艾略特原本是名白領菁英（為保護當事者隱私而改變身分，據說是律師），年紀輕輕即罹患腦瘤。

醫術精良的腦外科醫師將他腦部的腫瘤完全切除，原以為手術非常成功，但是動完手術的艾略特，從此性格大變。

他會突然扔下工作，轉而斤斤計較無關緊要的事。往後也不停換工作，投資各式各樣的事業全部以失敗告終，就連婚姻也是結了又離、離了又結。

達馬吉歐檢查了性格丕變的艾略特，發現額葉表面沒有大礙，但是內側卻受損十分嚴重。

根據達馬吉歐的檢查結果顯示，艾略特的知覺能力、過往的記憶、短期記憶、新的學習能力、語言及計算能力完全沒有問題，智力測驗的結果也顯示一切正常。

問題在於病人的情緒沒有起伏，情緒的管理能力因此變差，同時缺乏決策能力，道德感也相當薄弱。

達馬吉歐發覺艾略特的異常狀況，與其他出現病變的病患雷同。

一如達馬吉歐在他所著的EQ解說書籍開頭即談到了這則例子，眾多EQ研究學者均認為EQ代表的是額葉功能。

即使情況不像艾略特如此嚴重，但若是因為老化造成額葉萎縮，預估ＥＱ能力也會下降。根據高曼的說法，四十歲以後如果對此現象置之不理，額葉就會從這段時期開始萎縮。

從這一點來看反之亦然，若是加強額葉功能，也有助於提升ＥＱ。

練習 10

IQ不易衰退，但EQ容易老化

日本人認為，大多數人IQ能力的發展僅止於學生時代，在往後的人生中便無法再提升IQ，因此特別重視學歷。相反地，EQ能力則可以靠後天培養，隨著年紀增長，累積各種不同的社會經驗後，EQ能力也會跟著成長。

實際上真是如此嗎？

常聽說與電車裡的乘客起爭執的大多是五十歲以上的人，在居酒屋裡激動地對店員咆哮：「你把客人當成什麼了！」也以中高齡者居多。

由於日本已是超高齡社會，年紀超出中高齡的人數相對增加，出現這種情況自然合乎常理，但也不能因此一概而論。

高聲怒罵下屬的上司、不把客戶放在眼裡的上司，在公司裡應該很常遇見這種場面。由此可知，年紀愈大，人際關係不見得會變圓融。

一路閱讀至此的讀者想必知道問題出在哪裡。沒錯，這就是因為額葉功能衰退，導致EQ能力下降，愈來愈難以控制自己的情緒所造成。

令人遺憾的是，如果繼續忽略這情況，EQ能力會隨著年齡增長而衰退。

一般而言，我們可透過教育及知識、經驗等刺激，加強額葉功能。照理說，EQ會隨著知識與經驗的累積，順利發展至四十歲左右。但是額葉有可能因為年齡增長而產生物理性的萎縮，造成功能愈來愈減退。

也就是說，四十歲左右時如果輕忽此狀況，EQ大多會衰退而不是成長。但如果加以強化，便能克服這道難關。

當然，到了七十歲、八十歲，EQ或許很難大幅成長，但是四十歲至六十歲的人，EQ應該還是有成長的空間。

另一方面，ＩＱ會在二十歲左右達到顛峰，即使年屆七十也不太會下降。有一項研究是針對東京都小金井市某地區的七十歲高齡者，展開長達十五年的追蹤調查。假設人類ＩＱ平均值為一百，其中約有七〇%的ＩＱ是落於八五至一一五，而小金井市的高齡者平均ＩＱ為一〇五。

或許是因為當地住了不少高知識分子，才使ＩＱ平均值提高，但值得注意的是，即使年屆七十，ＩＱ也能維持在一百左右，這一點倒是符合前面提到的「理解能力不會下降太多」。因此，**我們應該留意的不是智能老化，而是情緒老化**。

第 2 章

有快樂的大腦，才有快樂的生活

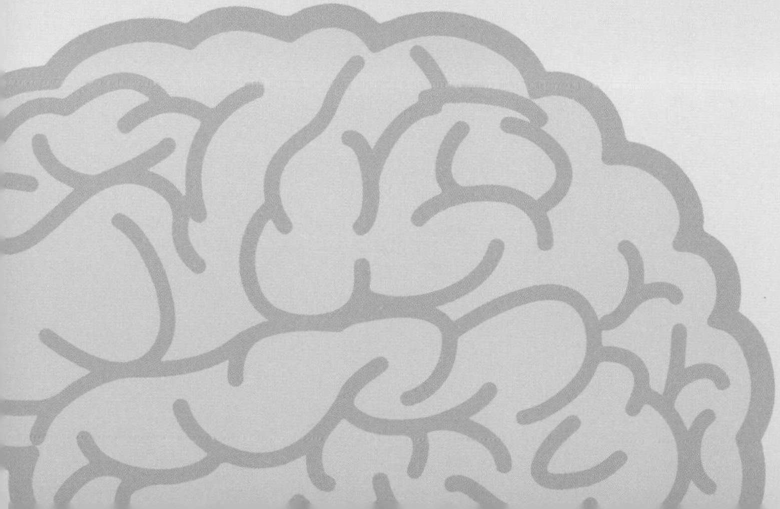

練習11

莫名暴怒！原來是額葉的憤怒控制出問題

當額葉功能衰退，就會產生許多負能量。

前面提過，我們能夠了解與控制自己的情緒、激發自身的幹勁，便是源自額葉的功能。但是當功能受損，就會難以控制情緒。

除此之外，怒罵別人或忍不住會與人動手的憤怒及暴力行為，即是額葉功能衰退所引起。

因此，老人拿傘打人或者對公家機關的職員咆哮，有可能是因為額葉功能減退所致。這些人年輕時的個性或許是出乎現在大家意料之外地溫和，至少是不會做出上述粗暴的舉動。

換個角度來看，沒有半點喜怒哀樂的人，他的腦部功能有可能是出了問題。事實上，適度且適當地表達負面情緒，對保持腦部年輕來說未必是壞事。如果累積過多怒氣會形成壓力來源，引發胃潰瘍。

只是，再怎麼憤怒，有理智的人都會盡可能壓抑或控制，忍著不直接破口大罵或出手打人，這在心理學上稱為「憤怒控制」（anger control）。

基本上，憤怒控制並不是指「不能生氣」。憤怒是人之常情，但若能適時轉換心情、且不會將心中的不滿以傷害他人情緒甚至身體的方式表達出來，即表示可以自行控制憤怒。這也是我們期望能達成的情緒管理目標。

然而，額葉功能若是衰退，會使人怒氣難息，忍不住抓狂。

令人抑制不了的情緒反應，基本上是源自邊緣系統。像是憤怒或恐懼，就都是由邊緣系統產生的原始情緒反應。額葉則是負責踩煞車，避免這些情緒轉為實際行動。當額葉功能衰退，無法適時hold住負面情緒，就會直接付諸暴力或口出惡言。

由邊緣系統產生的情緒，整體來說是屬於反射性的情緒。例如如果有人罵你是「笨蛋」，任何人聽了都會感到憤怒。而額葉會在此時發揮作用，撫平怒氣。「真是火大啊。但是算了，不要跟那種人計較。」額葉的功能可讓自己避免一肚子火，也就是一般所說的「理性」。

人之所以比狗、貓等動物更能控制情緒，研判是因為人類的額葉比其他動物都大。即使被罵「笨蛋」，我們也能化怒氣為力量，藉此發奮圖強：「等著瞧，我會拚給你看！」、「我一定會功成名就！」而優秀的藝術家便是一群擅長展現原始情感的人。

喜悅與悲傷等情緒也和憤怒一樣，能將它轉化為積極動力的人，代表額葉功能極佳。這樣的人即使工作遭遇挫折，也能適時轉念，化危機為轉機，最終晉身人生勝利組。

練習 12

「好燙」、「好難受」，讀懂神經傳導物質告訴你的訊息

神經傳導物質減少，據推測是造成額葉功能衰退的原因之一，情緒即因此受到影響。在此將針對這一點進一步詳細解說。

阻礙額葉功能的強敵有好幾項。其中之一是先前提到的動脈硬化。從四十歲起，動脈硬化造成的傷害會慢慢浮現。

另一項就是神經傳導物質減少。神經傳導物質中，與焦躁不安或莫名煩悶、心情沮喪有關的是血清素。如前面所提到的，血清素與去甲腎上腺素、多巴胺，同樣都是在腦內肩負極重要任務的神經傳導物質。而血清素會在四十歲以後便逐漸減少分泌。

神經傳導物質是神經與神經之間傳遞訊息時分泌的物質。例如**碰觸煮沸開水的茶壺**

而感到「好燙」時，便是由神經傳導物質負責在神經與神經之間傳遞「好燙」的訊息，決定是否開啟感覺反應的開關。

如果任務執行得不順遂，無法確實傳遞「好燙」或「好難受」的訊息，就會產生難以適時轉換情緒的情況，像是「揮之不去的莫名焦躁」、「擺脫不了痛苦的心情」。因此，研判憂鬱症病患也是由於血清素減少而發病，可利用藥物增加腦內的血清素，藉此改善憂鬱症。

至於避免血清素減少的方法，可透過改善生活習慣達到一定的效果。根據研究，血清素的原料是肉類所含的色胺酸（Tryptophan）胺基酸，後面會再詳細說明。

並不是年紀大的人才會罹患憂鬱症，年輕女性也有增加的趨勢。其中一項因素有可能是過度瘦身導致營養不良。肉類的脂質含量多，瘦身時往往對肉類能免則免。**平時若是以蔬菜為主食，從肉類攝取血清素原料色胺酸的機會便會大減，結果造成血清素減少，產生情緒低落難以回復等憂鬱症狀。**

請各位務必記住，日常飲食對情緒起伏的影響極大。

練習 13

讓因性別及年齡而改變的荷爾蒙恢復平衡

談到左右情緒的要素，荷爾蒙的影響也不容小覷。

一般的更年期障礙，除了熱潮紅、出汗多之外，還有持續焦躁不安、愈來愈恐慌焦慮等症狀，這些就是原因不明的不適症狀。

荷爾蒙物質可調節體內特定組織及器官的生理活動，由內分泌器官所分泌，並透過體液（血液）在體內循環。荷爾蒙的種類繁多，而自卵巢、睪丸等器官分泌的則稱為性荷爾蒙。

性荷爾蒙與其他荷爾蒙一樣，分泌量會隨老化而改變。從四十歲左右起，女性的女性荷爾蒙、男性的男性荷爾蒙會逐漸減少。而女性體內有微量男性荷爾蒙，男性體內也有微量女性荷爾蒙。當女性的女性荷爾蒙、或是男性的男性荷爾蒙減少，造成荷爾蒙失衡所產生的種種症狀，即稱為更年期障礙。

近年來已眾所周知，除了女性以外，男性也會有更年期障礙。女性有停經這項重大的生理變化，因此較容易察覺更年期的狀況；而男性沒有這類生理變化，即使有問題，在此之前也不太受重視。

然而，過了四十歲以後，男性及女性都會出現更年期障礙，有時是受到荷爾蒙失衡所影響，造成情緒低落與焦躁不安。

據研究得知，女性體內的男性荷爾蒙會隨著年齡增長而增加。女性到了五、六十歲時變得喜愛社交、活潑積極，也是因為這個緣故。

男性則相反。由於男性荷爾蒙隨著年紀愈來愈大而減少，使人顯得意興闌珊，社交慾望減退。

結果，男性年紀愈大，愈覺得與人交際是件麻煩事，也懶得學習新事物。

這種心境變化或可以「枯槁」形容，也可視為情緒老化的表現。

有的人年輕時是精明幹練的業務人員，擁有能輕易說服人的好口才，但在年過五十後，變得善於傾聽他人說話、個性也沉穩圓融許多，又或很喜歡聘用具備母性的人擔任主管。這便是男性荷爾蒙減少，女性荷爾蒙相對增加所產生的性格變化。

近年來，延後退休年齡已是世界趨勢，若因為男性荷爾蒙減少而缺乏幹勁，搞不好因此被裁員。但這也是時代變遷下無可奈何的一面。

男性荷爾蒙睪固酮（Testosterone）的原料是膽固醇。膽固醇值過低，會導致男性荷爾蒙下降。膽固醇也是脂質的一種，攝取過多確實會引起動脈硬化，但是攝取過少也不好，所以還是要均衡攝取蛋與肉類。

練習 14

沒錯，性荷爾蒙會讓大腦更靈活

性荷爾蒙是由生殖器官分泌的荷爾蒙，與生殖方面的慾望有關。根據各項統計顯示，日本人的性慾遠低於世界各國，對彼此性冷感的伴侶也相當多。

許多人到了四十歲、五十歲後，或許基於健康考量而不太吃肉，一般來說，這會使男性的性慾減退。但問題在於不僅缺乏性慾，連世俗慾望也跟著下降。不論是工作方面或人際關係都顯得意興闌珊，對一切事物感到無比厭煩，不僅意志消沉，整個人也顯得毫無活力。相較於過往充實的人生，實在不樂見這種情況發生。

重視性荷爾蒙對人體有許多好處。

研究顯示，當年紀增長，不論是男是女，男性荷爾蒙多的人較不容易引起動脈硬化。**至於女性，擁有較多女性荷爾蒙的人，則不容易罹患骨質疏鬆症。**

總而言之，不管男性或女性，當年紀愈大，自身性別所屬的性荷爾蒙愈多，認知功能也愈高。也就是說，**男性的男性荷爾蒙愈高，或是女性的女性荷爾蒙愈高，都愈不容易因為老化造成智力水準下降。**

隨著進入高齡化社會，明治時期[1]人民的年齡相當於現代人的七〇％。換句話說，從前的二十八歲，相當於現代的四十歲；三十五歲相當於五十歲；四十二歲相當於六十歲；四十九歲則相當於七十歲。因此，年長者間過去會遭人非議的「黃昏之戀」，以現代人的眼光來看僅是「中年之戀」。心態年輕、活力十足的長輩想談戀愛，當然也無可厚非。

1 約一八六八年至一九一二年間。

日本至今依然認為性愛是「為了傳宗接代的行為」或「不檢點的行為」，但如果將它視為伴侶間的一種交流方式，年歲漸長後的性愛，也可以是促使人生豐富多彩的一項要素。

所以，性荷爾蒙可說是具有使身體或腦部功能保持活力的效果。性荷爾蒙功能佳的人，除了性慾強之外，腦部運作也相當靈活。

練習 15

健康知識也要與時俱進

日本人似乎對吸收與身體有關的新知興趣缺缺。或許是因為日本人生性保守，想法固執，也缺少靈活思考，難以擺脫既定觀念。幾乎所有日本人至今仍選擇保守的醫學療法或依循舊有的保健常識管理自己的健康。

早在一九五〇年代至六〇年代，血壓值一六〇左右的人常因為腦中風而死亡或半身不遂。但是現代很少出現血壓值升到一六〇血管就破裂的情形。如果是動脈瘤破裂引發蜘蛛膜下腔出血，自然另當別論。否則的話，一般高血壓很難會直接導致腦中風。

這是因為**現代人比過去攝取更多蛋白質**，**血管較堅韌，不容易破裂**。所以，大家不需要像從前一樣太過在意血壓值。不過，如果長期對高血壓置之不理，仍會有動脈硬化的風險。

膽固醇也是一樣。

一般人都知道血液中的總膽固醇過高，會使心肌梗塞的風險大增，但什麼程度才算「過高」，則是眾說紛紜。如今即使數值高於從前，也不會有問題；甚至有研究指出，膽固醇值高的人死亡率較低。

現在的健康觀念已與過去大不相同，例如：不可以太依賴藥物；稍胖一點反而會較長壽；罹患癌症也不是非得動手術不可。這些新知當然並非全然正確；但若是根據最新研究成果所證實的結論，可信度自然大增。一般來說，這些健康新知大多是由統計分析得出的結果。

至少對我來說，不會對舊觀念抱持深信不疑的態度，能主動評估並分析其他觀念的內容，才是大腦年輕的表現。但若額葉功能若是衰退，便很難接受新的觀念。

練習16

是擁有幾十年的經驗，還是一個經驗用了幾十年？

上一章提到的「老頑固」，便是額葉功能衰退所顯現的具體特徵。由於額葉功能減退而使大腦僵化，因此難以接受其他人的觀點。當情況愈來愈嚴重，就會成了「老頑固」。

如果別人做的事與自己長年來從事的工作有關，或者談到自認為非常熟悉的領域時，就會顯得興趣缺缺，心裡不以為然地想：「這不是大家都知道的事嗎？」、「一點也不稀奇啊。」

更糟糕的是固執己見，愈來愈聽不進別人的意見，採取倚老賣老的高姿態否定一切：「這傢伙什麼都不懂，還敢大放厥詞。」這種想法就是大腦僵化所造成的。

創辦人與接班的第二代社長之間時常失和，就有可能是父子倆的大腦都變得僵化所造成。

如果額葉功能愈佳，大腦對事物也能愈靈活應變。即使別人談起自己熟悉的領域，同樣能聽得津津有味，並從中發現術業有專攻的學問，進而啟發自己產生新的靈感：「原來也有這種觀點啊。」就算得知不同於既定觀念的看法，也能思考：「這個想法或許才是正確的？」如果懂得獨立思考，就會認為既定觀念僅是暫時的，而不會對它深信不疑，認為是不變的真理。

隨著年紀增長，心智也會隨之成熟，想法會更新，價值觀會改變。如果數十年來始終堅持同一種觀念，這才需要留意。

練習17

對「理所當然」提出質疑

當額葉功能衰退，一方面不容許別人批判自己熟悉的事物，另一方面對於不了解的領域卻會照單全收。

大部分的人都會想成為心胸開闊、寬宏大量的成熟大人，讓自己顯得明白事理。當個豁達大度的人自然沒什麼不好，但那只不過是通情達理罷了。

與人交談或討論時，有的人會在心中附和：「嗯嗯，沒錯。」有的人則會產生質疑：「真的是這樣嗎？是不是弄錯了？」相較之下，後者的額葉功能更活絡。

舉例來說，觀看名嘴在電視上分析時事，若是認為對方講得頭頭是道，就認為：「原來如此啊。」這代表額葉並沒有發揮太多功能。相反地，若對這些人說的話能提出質疑：「這個論點不合理啊。」代表額葉正在發揮作用。

有些長輩為了讓年輕人覺得自己是講道理、能溝通的人，於是很少動腦筋反駁他人，也因此額葉並不活絡。但是，當年輕人提出近乎強詞奪理的反駁時，年長者若是能試著再次駁回，同樣也能給予額葉一定程度的刺激。

談到自己不了解的領域時，絕對不要對別人說的話照單全收，而要試著想一想：「真的是這樣嗎？」、「這是正確的嗎？」

練習18

善用感性，預防情緒老化

讀者閱讀本書後，印象最深的或許是書中一再強調運用額葉能掌控情緒這件事。但有一點請不要忘記，那就是額葉也是富有情感的大腦組織。維持頭腦冷靜固然必要，但是善用情緒也很重要。

受情緒影響而訴諸暴力行為當然不好，這裡所說的「善用情緒」，指的是我們應該擁有足以能感受到喜怒哀樂的感性。

例如：心有不滿；在公司跟上司發生爭執；對定論提出質疑；看電影感動得掉眼淚等。人在上述狀況產生情緒化的反應時會有許多想法，額葉也會在此時發揮作用。像是藝術家便是將自己的喜怒哀樂投射至作品裡，讓它富有生命力。希望各位能注意到，這些行為同樣也是額葉的作用。

人的大腦一如肉體，必須勤於鍛鍊才能預防情緒老化，這一點不說自明。情緒應該可以像肉體一樣，持續使用與訓練學習便能預防老化。

人生中能令人感到欣喜的事不在少數。例如父母看到孩子的成長而感到喜悅；假日與另一半一起外出用餐的輕鬆閒適；或是在工作上表現亮眼，春風得意等。

此外，自己下場揮汗打高爾夫球，交出漂亮成績時自然心情暢快；即使沒有親自上陣，只是在一旁觀戰，支持的隊伍若是獲勝，同樣也會感到雀躍不已。又或者與知己好友、公司同事或默契十足的客戶相互交流時產生的融洽氣氛，這些都是情緒受到良好刺激所帶來的結果。

正向的情緒不僅有益大腦，也會令人具有吸收新知的動力。實驗證明，在輕鬆愉快的氣氛中，學習興趣將會提高，效率亦會隨之增加。

情緒很奇妙，當老化到達一定程度時，若只給予一點點刺激，也不會有多大的正面效果。也就是說，當情緒受到的刺激減少，不但會使人無精打采，智力跟體力也會衰退。再說得極端些，情緒缺乏刺激會嚴重影響壽命，甚至極有可能早死。

因此，過了中年以後，必須多利用給予大腦刺激的方式，提振精神，如此才有可能讓大腦繼續維持良好的功能與發展。

練習 19

練習思考，比學習新知更重要

日本人往往認為聰明的人應該上知天文、下知地理；歐美人士則是認為聰明人應該具有獨到的想法，擅於發現問題。

在日本雖然有不少知識淵博的人，但是這些人的額葉卻很少發揮作用。換句話說，也就是大部分的人都缺乏創意。

大腦與身體其他部分一樣，不使用就會變遲鈍，因此，學校教育也必須著重鍛鍊額葉。

年幼的孩子固然需要灌輸基本知識，以便將來得以獨立思考，但隨著孩子年齡增長，便需要進行能夠鍛鍊思考能力的教育。現行教育的問題不在於填鴨式教育，而是沒有教導孩子該如何應用這些知識。

以日本為例，只要能讀到高中，都可以學習到世界一流水準的知識，可是在大學並沒有相關的應用課程，於是大學生仍接受近似填鴨式教育，由教授灌輸自身的觀點與知識。

就我的觀察，不少人出了社會後就不再吸收新知識，便是受到這種教育的影響。**知識如果僅止於「知道」的程度，那根本毫無意義，必須「實際應用」才有價值**。所以，我們應該學習運用知識嘗試新事物及解決問題。

如果原本就不懂得活用新知，再加上又沒有養成思考的習慣，更會覺得運用知識思考簡直麻煩透頂。久而久之，與其思考，不如被動地被灌輸知識還比較輕鬆省事。像這樣，由於平時沒有勤動腦，導致額葉功能愈來愈衰退，從此陷入惡性循環。

當想法已定型成為慣性時，必須耗費一番功夫才可能有所改變。為避免這種僵化的情形，最重要的便是不要只注重知識儲備庫的深度，更要培養獨立思考分辨的能力。

第3章

不為小事抓狂的情緒管理術

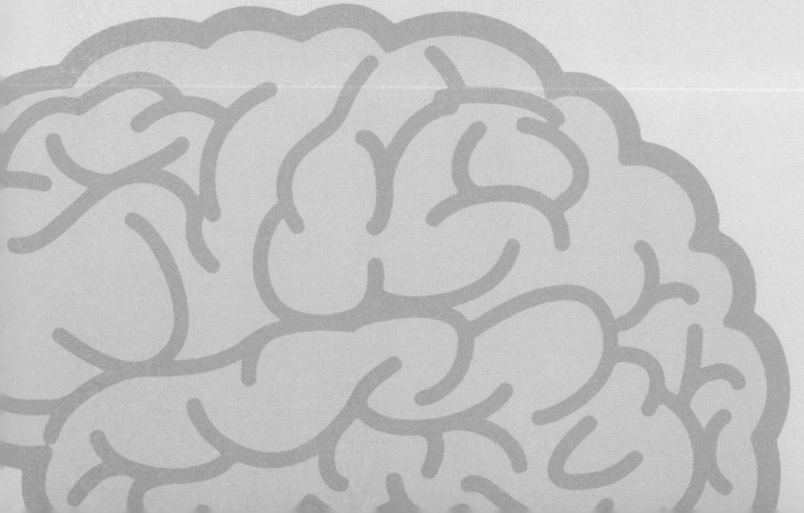

練習 20

靈活用腦，讓想法升級

鍛鍊額葉究竟有什麼好處？如前面所提到的，額葉功能佳的人，面對各種情況會懂得隨機應變。而靈活的大腦，正是現今不可或缺的要素。

商品銷售便是最好的例子。

直至一九八〇年代左右，當時仍是商品暢銷的黃金年代。從汽車、家電產品或生活用品，各種產品都賣得嚇嚇叫，因此需要提高生產效率以增加產量。

但是到了一九九〇年左右，商品已經供過於求，市場逐漸飽和而影響銷量。人人有汽車、家家戶戶擁有功能齊全的家電產品已是時勢所趨。

這樣的結果，造成市場需求減少、物品過剩的現象。當產品滯銷，就不可能像過去一樣只推出基本款，而必須動腦筋推陳出新，創造出前所未有的產品。

至於再往後的年代，已不再是「消費產品」，而是「消費『體驗』」。銷售的目的不只是讓消費者購買產品，有時更是提供體驗式的服務以刺激消費。像是在民宿體驗採收農作物的樂趣便是一例。

由於流行趨勢不斷改變，銷售方式必須順應時下潮流。同樣地，工作觀念也要隨之改變。

例如日本的製造業在過去大多以技術指導的身份前往中國發展。然而，中國人如今成了大舉前來日本「爆買」的超級大戶，被中國企業併購的日本企業也愈來愈多。

在這種情況下，不可能永遠維持「是我們日本人在教導你們欸！」那種高高在上的倨傲態度。像這樣的情況，就需要讓額葉功能確實發揮，以便靈活調整合作。

額葉功能不佳的人，會很難改變長久以來與人相處的模式，尤其若是過去處於在上位者的領導地位，當角色對調，或昔日的優勢不再時，會更難以調適。雖不至於像武家商法[1]一樣，但對方明明是顧客，自己卻擺出目中無人的態度，瞧不起上門的顧客，這樣是行不通的。

未來必須比既往更懂得靈活變通，改變自己的觀念與做事方式以順應時代變遷。從上述這些面向看來，額葉功能對人類的重要性將有增無減。

1 意指明治維新後，昔日高高在上的武士即使經商，也常因為放不下身段而失敗。

練習 21

活腦三要素：深呼吸、吃早餐、睡好覺

為避免湧上心頭的焦躁與煩悶影響自己，我們必須學會控制情緒。其中的關鍵便是前面提到的ＥＱ。想要提高ＥＱ，就要多運用額葉，讓它保持活絡。

舉例來說，每個人都遇過太緊張或壓力過大而使腦筋一片空白的情形，也就是處於思考暫時停止的恐慌狀態。有一種說法認為，這是額葉處在窒息狀態所產生的現象。

陷入恐慌時，身邊的人通常會要我們深呼吸。**透過深呼吸可將氧氣輸送至大腦，幫助額葉的血液回復循環，解除大腦凍結的狀態**。

除了增加氧氣可改善額葉狀態外，也必須攝取葡萄糖。眾所周知，葡萄糖是大腦維持運作所需的唯一燃料。因此，如果血糖值下降，額葉將難以發揮功能。

有一種說法，認為可以不必吃早餐，還有人說吃早餐對身體不好。但是就血糖值而言，不吃早餐的缺點明顯多於優點。

血糖值會在用餐後立刻上升，隨後受到胰島素發揮作用而慢慢下降。如果不吃早餐，直到吃午餐時才進食，血糖值便會從昨天吃完晚餐後就持續下降，導致大腦在上午呈現飢餓狀態。如此一來，大腦自然無法發揮功能。因此，**早餐一定要吃，才能使額葉處在最佳狀態**。

前面已提到，額葉功能與神經傳導物質血清素以及男性荷爾蒙的分泌量息息相關。為了讓額葉功能正常運作，關鍵即在於培養規律的生活習慣。

因此，最重要的是晚上及早就寢，確保睡眠充足，隔天早上沐浴在陽光下醒腦。研究也指出，陽光可促進分泌血清素。

想要讓大腦維持良好狀態，也必須注重基本的生活習慣，使身體保持最佳狀態，這一點當然毋庸置疑。

總之，有益身體健康的事物，也會有益大腦健康。

練習22

被消化吸收的知識，才能變成智慧

基本上，身體功能是愈用愈靈活，大腦也是愈用愈靈光。

所謂「動腦筋」，指的是給予大腦刺激。就額葉來說，思考及嘗試新體驗便可給予刺激，而且很重要的是「要用自己的腦袋思考」。

另一項重點，則是不要受限於既定的觀念中。

一如孔子在《論語》中提到的「四十而不惑」，每個人到了四十歲，通常會有自己堅信的觀點，也自成一套人生哲學。但是這與「安於自己的既定觀念」不一樣。

即使擁有堅定不移的想法與人生態度，但若是能虛心傾聽別人的觀點、尊重他人的意見，並且將這些觀點納入自己的想法，藉此修正錯誤，才稱得上是「不惑」。

想要鍛鍊大腦，就要從四十歲起勇於質疑既有知識，或者對所謂的「官方知識」提出反駁。像這樣，試著以前所未有的觀點進行思考，同樣也能刺激額葉。

既定觀念充其量只是知識而已。如果只順著既定觀念或世俗看法思考，也只不過是從中汲取知識，並沒有動用到額葉功能。唯有大膽逆向思考，提出不同的見解，額葉功能才會活躍。因此，當一個通情達理或者知識淵博的人，不一定能活絡額葉。

話說回來，博學多聞當然是好事，但主動學習新知同樣也很重要。問題在於人們常受限於所得的知識，擺脫不了根深蒂固的觀念。若是能善用習得的新知，並勇於質疑既有知識，吸收知識才顯得有意義。否則資訊過多，反而膚淺而不深刻。

知名大學畢業的搞笑藝人即使在益智節目上表現亮眼，表演的相聲卻不好笑，有可能是額葉功能不佳所致，因為他並沒有把知識應用在相聲橋段。學問淵博僅代表顳葉的存取量驚人而已。能被消化的知識，才能成為智慧或創意。

練習23

不要因循前例，也別自以為是

當我們在依樣畫葫蘆、照本宣科時，負責控制情緒的額葉並不會發揮作用。

相反地，當我們在嘗試不明確與無法預測的事物，或是挑戰未知的體驗時，額葉會十分活絡。執行舊任務時，通常會因為熟能生巧而加快速度，但是大腦的運作區域會從額葉轉移至頂葉及顳葉。換句話說，執行例行工作運用的是頂葉與顳葉功能。

一旦我們熟悉作業後，大腦自然會找到捷徑，儘管做事速度加快，額葉卻不再活躍，因為只是「複製」、「貼上」單調而重覆的模式，會使額葉失去作用。

在處理不明確與無法預測的事物，又或是挑戰未知的體驗時，難免會遇到困難，多多少少也有風險。若是長期用腦過度，腦袋會筋疲力盡，陷入無法思考的狀態。

然而，多動腦筋可以活絡大腦。即使大腦或多或少會感到壓力與疲憊，但是可以就此鍛鍊大腦。

反覆做與過去同樣的作業也許會被嘲笑是一成不變，可是這麼做可以節省時間，壓力也較少，相對來說倒是很輕鬆。只是，如果愈輕鬆，大腦的休息期也相對增長，反而會加速功能減退。

人們一旦進入中高齡，新的體驗便會逐漸減少。至於工作上的新體驗，頂多是來了新進下屬，工作內容也少有新鮮感（不過，現在則未必如此）。

然而，試著改變想法，可在工作中創造新體驗。舉例來說，平時都坐著開會，下次不妨改成站著；或者嘗試使用新的數位工具；又或是更換不同的地點進行討論。

除此之外，如果是職場的老鳥，千萬不要自以為是，倚老賣老。職場的資歷愈長，同事會因為敬重前輩，所以對自己有意見的人會愈來愈少；再加上隨著工作職位或社會地位的高升，身邊盡是順從自己的人，因而會自我感覺良好地自認為是最明智的人，結果可能因此錯過學習與進步的機會。

不少出自名校的高材生，由於日後疏於進修，人生也因此停滯不前。反觀有的人自認為不聰明，但抱持著活到老、學到老的態度，凡事保有好奇心，持續挑戰新事物，生活因而充滿熱情與樂趣。

「好有趣！」、「我想知道更多！」我們需要像這樣，常保好奇心的強烈刺激。請趁著好奇心萌芽時，悉心灌溉，讓它茁壯成長。

練習 24

路不是只有一條，培養多元興趣

日本有句俗語說「滾石不生苔」（転石苔を生ぜず），認為沒有定性、經常換工作或搬家的人，最後會無法獲得地位與財富。「石上坐三年[1]」也是同樣的意思。

據說「滾石不生苔」原本是英國的諺語，但是這個說法符合日本人過去奉行終身雇用制的觀念，因此成了日本的慣用語。

然而，如今的時代不能只「專注於一件事」，同時投入兩件事、三件事也無妨。

1 日文為「石の上にも三年」。如果不在一個地方穩定下來，反而一直不安定地四處打轉，就無法有所收穫，包括金錢、信用、技術、經驗等各方面。

事實上，「滾石不生苔」這句俗語在美國的意思則完全相反，意指「活躍地參與多項事務才跟得上時代潮流」。此外，日本也有些年輕人無法體會日語「不生苔」蘊含的深遠意義，因而大多奉行美式的正面意義。

就鍛鍊額葉這件來看，我們應該採用美式的觀點，也就是要多元涉獵，積極投入「第二件事」、「第三件事」。

所謂第二件事、第三件事，指的是對不同領域感興趣，而這可以成為你的休閒嗜好，不一定要變成副業來經營。

例如，有人平時是名普通的上班族，但是對拉麵卻如數家珍，或者是喜愛肌力訓練的程度堪比專業等級。當本業受挫時，這些愛好自然可以發揮避險的功能，讓你找到屬於自己的另一片天地。因此，投入工作之外的其他領域，也有助於加強額葉功能。

人生順遂的菁英份子，諸如東大出身的政府高官若是自殺，人們總是會說：「一定是沒有遭遇過挫折，抗壓性才那麼低。」但身為精神科醫師，我認為這不是抗壓性低的關係，而是「人生只知道這條路」，完全沒想過還有其他路可走。

不論是做運動或演奏樂器，如果擁有一項能讓自己由衷喜愛的樂趣，即使在工作上嚴重受挫，或許還可以考慮轉換跑道，讓危機成為轉機。

當然，這並不是要大家「凡事不要太認真」、「應該徹底鑽研自己的愛好」，而是為了心理健康著想，不要讓整個腦袋「只專注於一件事」。

練習25

反轉負能量，別被情緒綁架

不論在家庭或是在公司處理業務，中年者都是可靠的中流砥柱，表現十分活躍。但是在工作上，夾在上司與下屬之間的中階管理階層對人對事都必須處理圓融，面面俱到；在家庭裡，則得面對多樣且複雜的夫妻相處、孩子升學、照護父母等各種問題。

安然度過這段擁有諸多挑戰時期的重要關鍵，便是不受情緒影響，冷靜觀察眼前的情況後，再思考該何處理面臨的難題。

首要之務是確認自身的體力狀況。關於體力衰退，有一份研究資料頗有意思。

我曾經讀過一本書，提到了「最大攝氧量」（Maximal Oxygen Uptake）的研究結果。最大攝氧量指的是一分鐘所能攝取的氧氣最高值，每個年齡層各有大致的數值。一般來說，最大攝氧量數值高的人體力愈好，也就是不容易疲累。最大攝氧量在二十歲時達到二．六毫升，但是會隨年齡增長而減少，七十歲時即大幅降至一．八毫升。

然而，研究指出，**持續進行健走或慢跑等運動的人，即使年屆六十，依然能有相當於二十歲年輕人的最大攝氧量**。

其中，有跑馬拉松習慣的人，最大攝氧量甚至與只做慢跑運動的二十歲年輕人相差無幾。順帶一提，就算五十歲才開始運動，最大攝氧量也能維持上升狀態。

根據我長期觀察高齡者的診治經驗來看，這項結果不僅適用於增強體力，或許也適用於大腦。

常用腦的人即使大腦萎縮，依然能維持一定的智力。大腦的萎縮情況與智能低落未必成比例。也就是說，如果不是罹患失智症等疾病，就算大腦萎縮，仍有可能維持及發展智能。

值得注意的是，日常生活中若達一年沒動過腦筋，大腦功能就會衰退得十分嚴重。換句話說，慾望減退會造成大腦功能下降。表面上雖然容易察覺慾望減退的情況，但如果是額葉功能衰退所造成，掌控情緒的能力也會在不知不覺間受到影響。

因此，若是在中年以後長期刺激額葉，即有可能避免這種傷害，並且得以維持及發展腦力，擁有慎思明辨的能力。

有愈來愈多人在中年後於工作上擔任管理階層，由於常發生無法妥善控制情緒的情況，或者做決策時自以為是、獨斷獨行，這就是額葉功能衰退所致，但也因此被冠上「無法勝任管理」的罪名。請捫心自問，誠實面對自己是否也有無謂的堅持。解決的方式，就在於自己是否能永遠保持冷靜，做出合理的判斷。

如果曾經有人說你愈來愈情緒化，就要自覺到這可能是大腦老化所引起，進而提醒自己在做決定前需有更完善的考量。有了這份自覺，至少代表大腦還能維持正常運作。因為就像失智症病患並不認為自己罹患失智症，額葉功能衰退的人，同樣也不會覺得自己的想法是一意孤行。

練習 26

健腦飲食法，能讓你愈吃愈年輕

大腦老化，大致來說即是指額葉萎縮或衰退。若想要對抗老化，日常飲食生活究竟能發揮多少作用呢？

日本人常說「年紀大了要多吃粗茶淡飯」。由於日本的飲食習慣自一九七〇年代以後快速歐美化，引發不少肥胖問題，因此產生這種說法。飲食歐美化指的是飲食中含大量肉食與脂質。

但是這個飲食的問題癥結，在於攝取脂質含量多的肉食與暴飲暴食，而不是肉食本身。

請不要忘記，受到飲食歐美化影響而改以肉食為主的日本人，就是因此才變得長壽。因為日本人的平均壽命是在戰後才超過五十歲。

至於歐美的平均壽命，比日本早五十年、也就是在邁入二十世紀之前便已超過五十歲。這樣看來，**日本人是經由肉食增加蛋白質攝取量，因此提高平均壽命，這一點毋庸置疑**。

隨著年紀愈來愈大，尤其是到了六、七十歲後，人們會自然減少吃油膩的食物。事實上，這是因為人的腸胃變得難以吸收油膩食物而造成的改變。但大腦維持運作也需要肉脂，所以不應偏廢。

許多荷爾蒙與腦內物質都會隨年齡增長而逐漸減少，神經傳導物質血清素的分泌也不例外。不過，研究指出，如果適度食用肉類，從中攝取血清素的原料色胺酸，即可延緩血清素減少的速度。

以下再為各位說明肉食的好處。

肉類攝取量高於日本人平均量的日裔夏威夷人或沖繩縣民，比日本人的平均壽命更長壽。他們吃的肉比當地的日本人還多，結果反而比較長壽。就基因背景而言，日裔夏威夷人比沖繩人更接近日本本地人士，由此可見氣候或食物的影響甚大。

因此，即使是中高齡者，也須適度攝取肉類。關於這一點，有些人不免擔心脂肪的問題，但是研究已證實，稍微豐滿的人最為長壽。也有研究指出，脂肪有助於增強免疫功能。

另一項可經由飲食防止老化而備受矚目的成分，便是抗氧化物質。長壽地區的人民經常食用有助預防老化的食物中，就富含抗氧化物質。

身體與鐵一樣，一旦氧化就會生鏽，這就是造成老化的原因。抗氧化物質就是能抑制氧化的物質。

最為人所知的典型抗氧化物質有維生素C、維生素E、β胡蘿蔔素等等。含有這些成分的食材大多是水果與蔬菜，而這些食材在流行病學研究權威者看來，同樣對長壽貢獻卓絕。順帶一提，歐美各國更盛讚大量使用蔬菜的日本飲食法為健康的飲食法。日本人不論男女皆健康長壽，便是最佳證明。

也就是說，日本原有的飲食生活本來就已富含抗氧化物質，再加上受到歐美國家西化的影響而多吃肉類，平均壽命因此快速成長。

像歐美那樣一天吃兩百至三百公克的肉，確實有可能造成問題；但適度食用肉類，據知對大腦的確是有幫助的。

練習 27

不必太在意膽固醇指數

另一項建議吃肉的理由，是如前面所提到的，因為肉類含有對人類極其重要的男性荷爾蒙與女性荷爾蒙物質，也就是膽固醇。

男性荷爾蒙睪固酮與女性荷爾蒙雌激素，都是由膽固醇合成。雌激素可預防骨質疏鬆症，據了解也有助於預防阿茲海默症。

研究指出，女性之所以比男性長壽，以及停經後容易生病，也是受到雌激素的影響。因此，為了預防老化，歐美有將近一半的女性在停經後會接受荷爾蒙補充治療。

更何況，膽固醇同樣是細胞膜的原料，若是缺乏膽固醇，會影響細胞的再生能力，因而加速老化，造成免疫功能減弱。

行文至此，想必會有讀者提出質疑：「可是膽固醇指數過高會早死啊。」、「到底要攝取多少膽固醇才適當呢？」

凡事過猶不及。調查研究也顯示，膽固醇指數只要不過高，並不會增加罹患心肌梗塞等疾病的風險。

針對東京都小金井市的七十歲高齡者展開的生存率追蹤調查中，膽固醇值稍高的人（男性一九〇～二一九mg／dl，女性二三九～二四九mg／dl）生存曲線最佳；膽固醇值低的人（男性一六九mg／dl，女性一九四mg／dl以下）生存曲線最差。由此可知，膽固醇值稍高的人比膽固醇值低的人更長壽。

根據上述的研究結果，日本動脈硬化學會也在一九九七年起變更高膽固醇血症的標準值，從「二二〇mg／dl」提高到「二四〇mg／dl以上」。

此外，日本病院會（Japan Hospital Association）預防醫學委員會也調整了高膽固醇血症的標準值，男性維持在「二四〇mg／dl以上」，女性的數值則放寬到「二六〇mg／dl以上」，只要不超過標準值，可以不必治療。

定期健康檢查的血液檢驗結果欄位一定會標示膽固醇指數，大家不妨將上述新的標準值當成判斷的依據。

練習28

懷抱夢想，能延緩情緒老化

如果表現得幼稚一點也沒關係的話，那我會很希望能在生活中全心全意「作夢」。雖然我已是中年人，但所有認識我的人在得知我的實際年齡後無不驚呼：「你看起來好年輕喔！」去參加同學會時，每個人也都會驚訝地說：「你都沒變啊！」或許這只是客套話，但是我自己分析的結果，應該是我平時就藉著「愛作夢」來刺激額葉所致吧。

高中時，我的夢想是當電影導演。後來知道拍一部電影得需要大量資金後，因此就想改當醫師，我覺得那是可以賺大錢的職業。我的導演夢最終在四十七歲拍第一部電影時實現了，現在，我依然天馬行空地夢想著下一部作品。我認為，我確實是因為有夢想，所以才能全心投入工作。

在我看來，「放棄夢想」或是「沒有夢想」的人，感覺會比一般人老得快。

曾經有朋友和我一樣想當電影導演，他後來成了普通的上班族，為了在公司安身立命與成為整個家庭的支柱而疲於奔命，昔日的夢想僅成往日的回憶。他的外表看起來確實與年齡相符，或者還更蒼老一點。

我不覺得「人要勇於追夢」是我個人的偏見，不知各位有什麼看法？

我的確深深覺得，夢想、希望及創造力與額葉的功能息息相關，持續追夢不但可刺激額葉，也有助於預防情緒老化。

當然，不著邊際的夢想大可做為回味往事的題材，現在，你只要專注於編織當下的夢想。「希望有一天能在英國知名球場打高爾夫球。」、「退休後，想開露營車環繞日本一周。」諸如此類，想必各位都有這種類似放手一搏即可實現的夢想。

此外，實現了夢想固然可喜可賀，全心全意朝著也許永遠無法達到的夢想前進，或者透過編織各種夢想給予大腦正向的刺激，雖然僅僅只是做美妙的白日夢，但這不也是種幸福嗎？

我相信只要朝著夢想努力前進，一定可以延緩情緒的老化。

練習29

不必克制欲望，而要隨心所欲

或許有不少人認為，現代人與其照著兼好法師[1]在《徒然草》所言，過著無欲無求的恬淡日子，還不如好好思考如何面對自己無止盡的欲望。

這麼說也許會令人誤解，但我覺得人到中年後，不妨誠實面對自己的欲望，因為欲望是生存所需的能量來源。

精神分析學的開山始祖佛洛伊德將「引導性衝動的能量本源」稱為「欲力」（Li-

1. 兼好法師本姓卜部，居於京都之吉田，通稱吉田兼好。隨筆作品《徒然草》約完成於一三三〇年至一三三一年間，與清少納言的《枕草子》、鴨長明《方丈記》合稱日本三大隨筆。

bido）。他的學生榮格將欲力擴大解釋為「（不僅是性）一切本能的能量本源」或「生命力的源泉」。

佛洛伊德將潛意識的欲望以及引導欲望的欲力比喻為馬，理性中樞的自我（ego）則相當於騎士。根據他的說法，年輕的馬精力充沛，但是動作會隨年齡增長而變遲緩。騎士並不會跟著馬一起變老，而是懂得掌控動作變遲緩的馬匹，人馬合一則默契十足。在此，騎士的作用即相當於額葉。

能量源下降時，各種欲望也會隨之減退。當控制欲及事業心、性欲減退，也會令人覺得了無生趣。然而，即使馬的動作變遲緩，只要騎士控制得宜，還是可以人馬彼此合作無間，不會因為欲望減退而抑制額葉的作用。

與其自認為「都已經一把年紀了」、「這種想法實在太齷齪了」而過度自我壓抑，倒不如釋放欲望。沒必要太過壓抑大不如前的性欲，只要不違反道德和善良風俗，不妨自由享受戀愛的感覺。

當然，也無須壓抑想吃肉的欲望。吃想吃的食物，也是一種快感的體驗。這種體驗不僅有益身體，也能提高免疫功能。反過來說，不愉快的經驗或壓力則會造成免疫功能下降。為了身心健康，我誠心建議無須過度克制欲望。

練習 30

以疏導代替圍堵的方式表達情緒

本書的主題是如何控制情緒，但是在此稍作說明，我的本意並非要讓讀者以為要盡量沒有任何情緒起伏。

如第二章所提到的，情緒應該適度控制，而不是全然消除。如果與所有情緒脫鉤，往後的人生會比接受額葉切除術的人（就連他們也都還有情緒！）更體會不到任何感動、樂趣與喜悅。

擁有喜怒哀樂的情緒並不是壞事。即使是憤怒，也是人類不可或缺的的情緒。有理由的憤怒屬於健康的情緒，不同於莫名的焦躁感或止不住的怒火。

若是對提出糟糕政策的政治局勢感到憤怒，可以抱持反對意見，或者用選票傳達不滿。憤怒的情緒除了可以類似的方式直接表達之外，又例如上司或同事若做出違反社會秩序的行為，可以基於反對不公不義原則而直接向公司高層舉報，也能因為憤怒而提出切合實際的建議。

透過宣洩怨懟不平的情緒，有時還會因此開啟新的創意或商機。

我最感到憤怒的是馬路沒有設置左轉專用車道與左轉號誌。好不容易在堵車的十字路口等到號誌變綠燈，前方等待左轉的車輛總是為了等候行人走完才能轉彎，這樣一耽擱的結果又是動彈不得。明明可以視情況穿過行人行列，號誌又在等候一長串行人通過之際轉成紅燈，使得車陣僅僅只能前進幾公尺。

美國的右轉專用車道即相當於日本的左轉車道，原則上紅燈也能右轉，因此幾乎看不到車道堵塞的情形。日本或許是因為車道狹窄的關係，但我認為應該多設置幾條左轉專用的車道，左轉號誌若是在會車右轉時變綠燈，便能大幅抒解交通堵塞。

心中若是有類似的不平之鳴，也許可以利用陳情或溝通管道提出建議，對方即有可能因此採納你的意見。如此一來，滿腔怒氣或怨懟不平也能成為極具建設性的建議。

換句話說，不要壓抑情緒，而要將這股能量利用正確的方式宣洩。謾罵與暴力便是錯誤的發洩管道，有時即因此反遭致怨恨，或引發騷擾、霸凌等問題。

上司之所以對下屬破口大罵，有時最大的問題便是沒有注意到自己的怒氣。如果大腦的一部分能自我抽離，站在局外冷靜觀察這些情緒，以及情緒帶給我們什麼樣的感覺，便有可能適時修正。

因此，主管在對下屬發飆後要試著調整心態，立刻採取補救措施，或者冷靜下達新的指令。

擁有情緒是人類的自然反應，值得思考的是該如何表現，所以要隨時注意自己是否以錯誤的方式表達情緒。

我也相信，比表達情緒更重要的是學著適時調整心態，不要無時無刻受情緒影響。

練習 31

媒體的資訊，聽聽就好

欲望減退會使人意志更加消沉，也容易使人變得被動，不再積極向上。看電視就是最被動的行為。

電視這種媒體，與其說是自己想獲取資訊而主動觀看，實際上卻大多是觀眾被動地接收播放的訊息。只有「選擇電視節目」才是主動的行為。

如果只把電視當成大眾傳媒，懂得以質疑的態度觀看播放的資訊自然沒有問題；但是大多數的情況，人們都是照單全收。或許是人類這種生物容易陷入「懶得思考」的狀態，處在有答案的環境會感覺如釋重負。

有人會對電視節目的內容照單全收，也有人認為「電視節目很無聊」而不屑一顧，只願意偶爾看看新聞節目。不論是哪種情形，都很容易陷入「懶得思考」的危機。

有人會固執地認為：「電視節目應該這樣做。」而無法靈活思考道：「原來這世上還有不一樣的觀點啊。」不要以為答案只有一種，而要以開闊的心胸接受各種說法，如此才能促進大腦活絡。

當年紀愈大，人生經驗愈豐富，對許多事情多少都已習以為常，見怪不怪；再加上額葉逐漸萎縮，已經很難像年輕時為小確幸就心滿意足。我們之所以感到有趣或感動的事物愈來愈少，原因就是不容易接受新的刺激。

然而，不管年紀多大，遇到真正有趣的事物應該還是會不禁莞爾。

能夠理解笑話或幽默表演的感性，會隨年齡增長而變遲鈍。唯有接觸水準最高、刺激性最為強烈的事物，才有可能令自己再次感動。

提升刺激的層次，可促進額葉功能，輕易接收新的知識。因此，不妨深入探究自身興趣的領域，喜歡美食就從食物著手、喜歡藝術品就從藝術品著手、喜歡運動就從運動著手。多接觸高水準的事物，愈能刺激大腦，震撼人心。

或許也可以考慮多花一些費用，試著尋找有別於年輕人的成熟樂趣。

練習 32

已經是大人了，別讓大腦還像個小孩

如上一章所提到的，相較於過去，人們多半重視要多讀書、吸取大量知識，如今的時代已轉為著重思考更勝於獲取新知。相信未來的發展趨勢也是如此。現代已不再推崇知識淵博的人，極具創意巧思的人反而備受矚目。

這是一個資訊暴增的時代，我們獲取的知識量也急遽增加。當前可說是考驗「認知成熟度」（Cognitive Maturity）的時代。「認知成熟度」是指分辨曖昧不明的能力，也就是能理解非黑即白以外的灰色地帶。

人們在小時候只能理解具體的概念，隨著年紀增長也會提升認知成熟度，進而逐漸了解抽象的概念。

舉個例子。例如藥物，少量服用可改善身體狀況，但是攝取過量就成了毒藥。此時便需要運用認知成熟度，幫助自己釐清「藥」與「毒」的界線，了解適量的範圍何在。認知成熟度低的孩子因為還無法理解，所以父母必須把藥物收在孩子拿不到的地方。但隨著認知成熟度提升，父母只需告誡孩子必須按照醫師指示服用即可。

從另一個觀點來看，認知成熟度也可指是否能從各方面評估並分辨對方是敵是友、是好是壞，而不是僅看單一表面。

雖然目前還不清楚額葉功能是否會影響認知成熟度，但我認為兩者有可能息息相關。

純粹取得資訊並不會提升認知成熟度。「原來還有這種想法啊？」、「事實真是如此嗎？」、「真是有趣的觀點啊。」隨時保持這種心態，才能提升認知成熟度。

第 4 章

簡易額葉鍛鍊法，讓大腦再開發

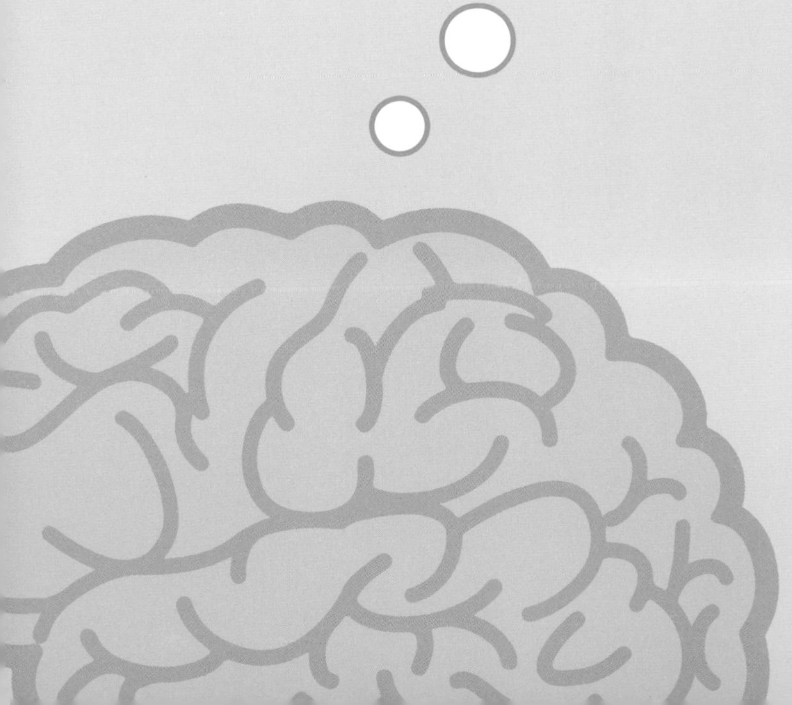

練習33

發揮想像力，刺激你的笑點

上一章提到了預防情緒老化的基本態度，本章會進一步說明養成具體的生活習慣後，可以做到哪些事，又有哪些優點。

大家在讀完本章應能獲益良多，找到在日常生活中鍛鍊額葉的方式。

首先，就從刺激自己的笑點開始說起。

舉例來說，參加電視節目《笑點[1]》錄影的觀眾、以及前往大阪難波花月劇場的客群大多是六十歲至七十歲的長者，每個人在台下都被逗得捧腹大笑。看了這些觀眾的反應，即可明白根本沒有「老人家因為感覺變遲鈍所以不愛笑」這回事。即使已年屆高齡，只要藉由刺激加強額葉功能，一樣可以天真爛漫地開懷大笑。

表演雙人相聲時，表演者通常分別擔任裝傻與吐槽的角色。負責裝傻的人總是說一些有違常理的話，故意不按牌理出牌讓觀眾大吃一驚。負責吐槽的人就會立刻說：「為什麼？」、「怎麼可能？」將場面拉回正軌。

認為不按牌理出牌的話語是「有趣的想法」而發笑，表示感受能力還很年輕，也可以說是額葉十分活絡。

以下是《笑點》裡的奇問妙答。

「如果把首都從東京遷移到福島的郡山，會怎麼樣？」

《笑點》其中一位班底回答說：「福島縣民謠《相馬盆唄》就會變成國歌。」另一位成員則是玩了方言哏：「福島腔會變標準語。」

各位覺得如何呢？這些問答以文字呈現或許不覺得有趣，但是想像一下相聲家說學

1 一九六六年起播放的長壽綜藝節目。由數名單口相聲「落語家」在台上輪流說笑話。

逗唱的場面，應該會令人發噱吧。

反過來說，如果有人聽到「《相馬盆唄》會變成國歌」、「福島腔會變標準語」的反應是：「講什麼無聊的鬼話啊。」即表示他的額葉功能不佳。

相反地，能接收到笑點而覺得「好有趣」的人，表示額葉功能還不錯。

額葉具有轉換思考模式的功能。即使平時很少讓額葉發揮作用，也要刻意多多運用，藉著轉換思維跳脫既有常識，並運用靈活思考展現創意發想。

此外，也不要對任何事情抱著「絕不可能」的固執心態，要讓想像力更加豐富，才能對凡事都抱持赤子之心，感到新奇有趣。

練習34

正向的刺激有益大腦

一般來說，社會上並不鼓勵大家參與賽馬等賭博活動，畢竟會有沈迷其中而不可自拔的風險（額葉若是衰退，就容易出現這種情況）。但是從另一個角度來看，參與賭博活動其實是可以鍛鍊大腦的。

仔細想想，其實投資股票也具有賭博的成分。玩股票的人也許會反駁道：「投資股票是更有水準的活動，跟賭博不一樣。」不過，投資股票的過程必須預測不明確的未來、面對意想不到的狀況，仍是帶有賭博的成分。

由於賭博與投資股票皆很難預測結果，因此對於鍛鍊大腦有絕佳的效果。以下幾項重點，可提高鍛鍊大腦的成效。首先，要事先蒐集資訊。為了獲得最佳投資報酬率，必須廣蒐各方資訊，並詳加分析，歸納出自己的一套投資理論。

這種方式也能運用在平時的工作上。年過四十以後，除非工作內容是從無到有開發新產品，否則很少需要蒐集資訊。但是賭博與投資股票一定要不斷深入研究與分析，所以能時常鍛鍊大腦。

賭博與投資股票有助活絡大腦的另一個理由，便是不論結果如何，都令人感到緊張刺激。這也是很難在平日工作上體會到的感受。當緊張刺激的感覺成了快感，產生的風險就是投注的金錢愈來愈龐大，不過，若是規定自己每星期下注的金額不超過兩千日圓，風險就會減少許多。

總而言之，在自己能負擔的金額範圍內，或者在可用的資金額度內小賭怡情或投資股票，將有助於預防大腦老化。

基於用腦的觀點，投稿至報社、寫信到廣播公司等大眾媒體也是非常有趣的事。現在是任何人都能透過網路發表意見的時代，感覺投稿這件事已經很過時。儘管如此，看到自己的文章刊登在報紙上，或是由電台ＤＪ念出來，仍會令人非常興奮。

仔細閱讀報紙或收聽電台節目，會發現投稿獲得青睞的都是熟悉的名字。報社或電台裡挑選稿件的人，雖然想盡量傳達不同的意見，但是負責篩選的似乎是同一人，挑中的稿件也始終出自同一人。

成為投稿常客的人，因為了解報社及電台的喜好，寫稿時也都會投其所好吧。不過，藉由分析投稿趨勢以增加錄用機率，同樣能鍛鍊大腦。一般來說，迎合大眾意見固然討喜，寫些稍微與眾不同的意見也很容易錄用。總之，思考投稿內容即可讓額葉發揮功能。

練習35

運動及烹飪也能鍛鍊大腦

想要體驗緊張刺激的滋味，運動是不錯的選擇。

諸位讀者不妨試試中高年齡者最喜愛的高爾夫球。但是不要一直打同樣的球道，而是多嘗試變換各種不同的球道。老是打相同的球道，會減少動腦的機會。

近年來大受歡迎的慢跑與馬拉松也不錯。跑步時需要思考如何配速，也必須擬定戰術，才能在比賽中勝出。因此，跑長程馬拉松其實比想像中更花腦筋。

不少公司的大老闆選擇慢跑與馬拉松的原因，除了有益健康之外，也認為這是一項有趣的知性運動。

烹飪同樣是不錯的頭腦體操。烹煮美味的菜餚之餘，再根據共享餐點者的喜好挑選配菜的紅酒，給對方一份驚喜。像這樣，在動腦的過程中即可刺激額葉。

如今不管是越南菜或土耳其料理，但凡世界各地的美食全都可在自己的國家輕易享用得到，如果在外用餐吃到美味的菜餚時，也可以考慮自己下廚重現，或者試著在常吃的菜餚裡添點變化：「這個味道可以和日本料理的某個食材搭配看看。」

至今依然有不少男性存著「君子遠庖廚」的觀念，認為家事遠不如公司裡的工作重要。但烹飪正是最富有創造力的事，希望各位能明白這一點，主動挑戰看看。

另外，請朋友來家裡作客，並親自下廚招待，更能凝聚彼此的情感及拓展人際關係。

練習36

別急著回家！享受繞遠路的樂趣

以上列舉了防止情緒老化的方法，例如刺激笑點、賭博、運動、烹飪。後面三項的共通點是「激發競爭心」，尤其是賭博與運動，相同之處便是其「不確定性」。

有些事物具備不確定性的要素，難以預測下一步的發展，也沒有前例可循，但是處理這類的事情可以刺激額葉功能。

一旦進入中年或邁入高齡，由人生經驗累積而成的「晶體智力」（Crystallized Intelligence）即有增加的趨勢。所謂晶體智力，指的是根據過去的學習經驗建構而成的判斷力與習慣，也就是一般所說的「智慧」。

運用智慧能合理且有效率地執行既有的工作，於此同時，由於熟能生巧的關係，對各項事物的專注力也會因此下降。

在工作方面，如果是至今做過的業務，原則上都可以駕輕就熟，做得完美無誤，卻也因為已經可以預知結果而難以樂在其中。儘管如此，當遇到無法預測的突發狀況時，仍可以激發腎上腺素，刺激情緒。

例如，可以趁出差時繞去別處走走看看。即使要參加一場重大會議，但是最多也不會超過二、三個小時吧？利用開會前後去其他地方逛逛，應該不會太麻煩。不妨順便去之前沒去過的地方走一走，因為陌生環境充滿了未知與不確定性，可以刺激五感，讓自己跳脫一成不變的生活環境。

過去前往北陸出差，因為路途遙遠，總是得留宿一晚；自從新幹線開通後，如今已能當天來回。雖說如此，建議大家在結束當地的工作後不要立刻踏上歸途，可以在途中下車逛逛，如果前後日子正巧碰上連假，也能留宿一晚，放自己幾天假。

做事按步就班擬定計劃固然重要，但長久下來會使額葉功能愈來愈僵化。搭乘飛機或新幹線雖然是最節省時間的路徑，但偶爾也可以試試巴士或租車。

搭電車時如果買了可不限次數搭乘的「青春18車票」，便能隨時在途中下車四處走走。一般人往往認為這是適合年輕人使用的車票（有此想法的人，即表示額葉開始老化），但其實各個年齡層的人使用都很划算。自己租車也方便在附近繞繞，想去哪裡就去哪裡。

光是探索各種可能性，便能有效鍛鍊額葉。

練習 37

逆向思考，讓大腦轉個彎

不要因為別人的意見與自己的想法不同而固執己見，接觸不同的觀點反而能刺激大腦。

如果是社會大眾關注的議題，坊間都有正反不同論述的相關書籍。例如贊成或反對核能、贊成或反對死刑制度、贊成或反對憲法修正、重啟核電是對是錯，所有議題都有正反兩種不同聲音。

面對這些議題，不妨閱讀與自己的觀點完全相反的書籍，這樣能預防經年累月、一成不變的想法使額葉功能僵化。

即使沒有閱讀的習慣也沒關係。例如某位藝人因為外遇引發熱議，成了娛樂八卦節目砲轟的對象，這時可以假設自己是律師，試著為之提出反駁。

此外，也可以嘗試評論某位當權政治家的經濟政策。不要讓自己的想法落入既定窠臼，要試著傾聽不同於個人情緒化判斷的意見。

像是在看書時，不要對作者所謂的「反中」或「反韓」觀點照單全收，而是在閱讀時提出質疑：「這樣說太武斷了吧？」、「如果自己是中國人或韓國人，讀了之後會有什麼感想？」

在人際關係方面，不要總是與想法相近的人聚在一起，例如公司同事；應該多找機會認識不同領域的人。

在職場上也不要老是與年齡相仿的人相處，不妨多認識比自己年長或年輕的人，感受彼此間的代溝。這種另類「格格不入」的感受，同樣能刺激大腦。

有機會也可以和學生時代的朋友碰個面。自高中或大學畢業後，相隔數十年再聚首，若是各自在不同的領域發展，想法與觀點應該會大相徑庭。求學時期居住的地點和現在不一樣更好，因為想法與感受會隨著居住環境不同而有差異。

再舉個例子。在一般人的眼裡，酒駕絕對是違法的行為，但是住在鄉下的人也許會大吐心中的苦水：「三更半夜哪有人會在路上走？」、「以前都沒怎樣啊，也沒有發生過意外。」、「不要以為這裡跟東京一樣，晚上回家還有電車可以搭。」像這樣，接觸不同於一般常識的想法也能刺激額葉。

世代間的鴻溝與地區性的差異，這些與自己想法相左的體驗未必有趣，對方的意見有時也會讓自己怒火中燒。不過，學習如何冷靜面對不同的聲音，同樣能刺激大腦。

總而言之，可嘗試與多元文化交流，跳脫自己的舒適圈，處在有些緊繃、有點格格不入的環境裡，藉此不斷提升自己的見識與膽識。

練習 38

常識未必是真理

日常生活各方面都與常識息息相關。

在一般社會大眾之間廣為流傳的常識，儼然成了所有人共有的智慧，每個人都遵循這些潛規則，並以各項規範為前提，讓所有事物得以有效率地運作。然而，光是這樣做並無法刺激額葉，我們必須隨時對既有常識提出質疑。

舉例來說，開車超速會收到罰單。這是現行道路交通法規的規定，自然無可避免會被扣分或罰款。但是對警察稍微表達自己的意見，應該還不至於吃上妨礙公務的罪名。

以下是我想到的辯駁。

「關於高速公路的速限，名神高速公路的最高速限是在昭和三十八（一九六三）年通車後設定的，五十三年來完全沒改過。日本當時能飆出時速一百公里的汽車少之又少，事實上，當年這種速度會嚴重影響車輛行駛的穩定性，所以才規定了速限。可是現代汽車的性能日新月異，能以時速一百公里平穩行駛的穩定性早已不可同日而語。然而一些高速公路的速限竟然還下修到時速八十公里，不是很可笑嗎？再說這幾年來高速公路死亡車禍的肇事原因，大約四成是因為駕駛分心，約兩成是駕駛打瞌睡，超速的案件反而只有五％。從這一點來看，我不禁懷疑高速公路的法定速限訂在時速一百公里是否恰當……？」

姑且不論我會不會在警察面前真的搬出這一套說詞，光是在腦海裡構思辯駁的內容也很有意義。事實上，據說新東名高速高路的速限總算要調高至時速一二〇公里。

因此，不妨對於你不認同的事情提出質疑：「事實真的是如此嗎？」試著對此做出合理的反駁，可活絡額葉的功能。

總而言之，不人云亦云更能鍛鍊額葉。把別人的意見當成自己的意見，不用再花腦筋思考或許樂得輕鬆，卻沒有機會運用大腦。就這點來說，想要鍛鍊大腦，不如重新省思現有理論或既定觀念究竟是對是錯。

練習39

練習提出質疑，不要人云亦云

試著對過去認為是常識的事物提出「真的是這樣嗎？」的質疑，可為大腦帶來良性刺激。

各位不妨思考一下「希特勒的經濟政策」。

提到阿道夫．希特勒，應該所有人都知道他是二十世紀前期四處侵略各國的德意志獨裁者。當年對猶太人的迫害，更是人類永難遺忘的傷痛歷史。

在此請諸位稍微改變觀點，思考關於希特勒施行的經濟政策。

有一本書名為《希特勒的經濟政策》（《ヒトラーの経済政策》，武田知弘著，祥傳社新書151）。書中敘述德國當時陷入惡性通貨膨脹的混亂情況，希特勒掌權後，於一九三一年至一九三八年推行他的經濟政策，德國經濟得以短暫復甦，成為當時歐洲第一經濟大國。

希特勒不僅推動公共事業，同時明文規定公共事業預算須挪出將近一半用於人事費用。書中提到的相關措施也足以成為重振現代經濟的借鏡。

據說當時正值惡性通貨膨脹，猶太人借錢給德國人時放高利貸，由於利息高得驚人，還不出錢就會被搶奪家產，因此導致德國人積怨難平。

當然，這並不能成為猶太人遭到迫害的正當理由，但是當時德國人普遍怨恨猶太人，則是不爭的史實。事實上，納粹黨當初就因為提出反猶太人的政策而獲得選票。本來就對猶太人不滿的國民便將選票投給了納粹黨。所以也不能說德國老百姓是被納粹欺騙，才會迫害猶太人。

過去都將一切歸咎於納粹，但目前德國國內仍在爭論，當時的一般老百姓也應該負起迫害猶太人的責任。我們也有必要了解，納粹自成一套的理論與說服力。

話題再回到現代。

經過冷戰時期與數場戰爭後，如今看起來可說是資本主義戰勝共產主義。但實際上真是如此嗎？當前全球化發展趨勢下，不僅發展中國家陷入貧富差距擴大、社會動盪的窘境，所有先進國家幾乎也都無一倖免。

就字面上來說，經濟指的是「經世濟民」，但如今的論證主流對於「為人民幸福謀福利即表示資本主義獲勝」的說法並不以為然，實際上，共產主義依然有可能在這動蕩不安的局勢下死灰復燃。

美國總統大選中，唐納．川普是眾所矚目的焦點，但是像美國這樣堅定的資本主義的國家，仍是出現了自稱社會主義者的強勁候選人柏尼．桑德斯（Bernie Sanders），從中便不難察覺一絲端倪。

由此可知，不要順著評論家或名嘴的言論人云亦云，而要自己思考：「真是如此嗎？」才能強化大腦功能。

蒐羅思考題材時聆聽或閱讀別人的觀點固然重要，但是不可以照單全收，必須多方查詢其他意見，在自己的腦袋裡重新建構想法，如此才能鍛鍊大腦。重點在於不要害怕推翻自己的論點。

練習 40

成為思想家，而不是知識人

「知識人」的相對詞是「思想家」。

知識人一如字面所說，意指知識豐富的人。時至今日，人人皆可利用網路獲取知識，**這個時代已經不再需要萬事通，但是，現代人不能沒有思想家。**

例如養老孟司先生與內田樹先生[1]等人，正因為他們是思想家，其學說與言論說得頭頭是道，也讓人聽得津津有味。至於在益智節目上稱霸的益智王則是知識人，但言談卻令人覺得索然無味。

1 養老孟司為日本的解剖學家，亦有精神導師之譽。內田樹為日本的哲學研究家、專欄作家及思想家。

知識人說的內容僅止於常識等級，聽起來大致正確，所以一般人較容易接受。思想家的言論常走偏鋒，易引起爭議，一般人往往難以接受，反對的人也不少。

由於思想家的言論極端，容易引來反駁及議論，對此展開論述即可運用額葉功能。

以電影為例，當劇情老套得足以猜出伏筆時，就會添加一點搞笑橋段。相反地，無法預測劇情走向時，出人意表的情節可帶給大腦大量刺激。如果想要活絡大腦，建議可觀賞不容易猜出結局的燒腦電影。

練習41

把「別人的想法」變成「自己的說法」

當我有幸與撰寫暢銷書《這樣思考，人生就不一樣——早知道該多好的思考整理術》而聞名的語言學家、同時也是評論家的外山滋比古先生見面，有一件事令我印象十分深刻。外山先生語出驚人地說：「**年過五十後，就算不念書也沒關係。**」其實，他真正想表達的是：「**年輕時已經輸入夠多東西了，接下來要努力輸出。**」

如今有愈來愈多人了解，額葉在「輸出」時更能發揮作用。例如在朋友的聚會上快意暢談、寫部落格、投稿報社等等，不管採用哪一種形式將腦袋裡的想法抒發出來，這些過程都有助於刺激額葉。

輸出的內容不要老生常談，要打破一般常識，以獨到觀點及切入角度發表意見。

舉個例子，如果說北韓是邪惡的國家，也許每個人都認同這個說法而了無新意。但是稍微換一個角度思考：「這個國家把領導人金正恩視為神一般的統治者，人民猶如置身宗教團體，即使吃不飽又沒有自由，但主觀來說也許是覺得幸福的吧。」如果這樣解讀，別人或許會感到有趣。

一般常說北韓人民很貧窮，可是對他們來說，當其他人也跟自己一樣貧窮時，不就感受不到自己有多窮嗎？像日本貧富差距較大的國家，反而容易覺得「自己真窮」，這是因為主觀認定自己不幸福的人變多了。

像這樣，只要稍微改變一下既定觀念，就能促進額葉活絡。

僅僅發表已知的知識，或許在網路時代已不吃香。因此，為了大腦健康著想，最重要的是當一名輸出型的人。請務必記住，**不要只輸入知識，唯有輸出意見才能刺激大腦。**

練習 42

養成鍛鍊額葉的七個生活習慣

前面提到了讓額葉發揮作用的具體生活習慣，在此彙整為「鍛鍊額葉的七個生活習慣」。平時就要養成習慣，才能將鍛鍊額葉落實於日常生活中。只做自己會的項目也無妨，請務必提醒自己養成這七個習慣。

① 起而力行，讓身體動起來

人只要活動，就會產生變化。當自己有所行動，看待外界的觀點也會隨之改變；當周遭人們改變對自己的態度，你會發現所處的現實環境也會跟著改變。

產生變化時，當然不會總是在預料範圍內，也許會發生意想不到、令人措手不及的事，這難免會令人深感不安。或許有人會心想：「要是發生狀況，而且是不好的事，該怎麼辦？」不過，擔心太多會使自己裹足不前，總是抱持負面想法，好事當然也不會發生。

變化總會伴隨風險，俗諺也說「不入虎穴，焉得虎子」。請務必謹記在心。

② 嘗試「能立刻解決的事」和「喜歡的事」

遇到不擅長的事或感到焦慮的事情時，難免覺得人生猶如籠罩在黑暗中，前途無「亮」。但其中一定有「能立刻解決的事」。試著找出「我可以馬上做」的事情，在一鼓作氣之下，也能順利帶動其他事物的進展。

此外，嘗試從「喜歡的事」和「擅長的事」著手也是不錯的方式。做喜歡的事情時，因為樂在其中，成果自然可期。即使沒把握會成功，不如抱著放手一搏的心態，勇於挑戰，告訴自己：「失敗是理所當然，成功那就更幸運了。」

在此建議嘗試自己擅長的領域，不僅成功機率高，也能激發熱情。即使只獲得小小的成功，也能讓你在做其他事情更有自信。請以此為目標試試看。

③學會「依賴別人」

「依賴別人」這種想法，在現代社會屬於不太受歡迎的習慣，但實際上卻很重要。能在公司出人頭地的人，幾乎都「擅長」依賴別人。

比如，當工作能力提升時，需要處理的事情也會跟著增加。過去常做的事情已經不必親力親為，可以交給其他人處理。如此一來，就能專心處理只有自己才能執行的部分，因此得以成功完成大案子，進而升職加薪，更上層樓。這種例子比比皆是。

交付他人即等於依賴別人。能在工作上獲得成就的人，同樣擅長依賴別人。重點在於該仰賴誰。所以平時就必須先找尋值得信賴的人，尤其是值得信賴的「討論對象」。在處理自己不擅長的領域時，更需要如此。

而且，要有度量容納「能對自己說不同意見的人」。人往往會在全心投入某件事時忽略了風險。而「旁觀者清」，他人可在一旁冷靜看清現實，提供極為有用的建言，進而趨吉避凶。

此外，別人的意見也能讓自己冷靜下來，不貿然衝動。退一步重新檢討，反而會想出好點子，激盪出新的想法。即使是自言自語也無妨，總之要「說出來讓自己聽到」。釐清想法後，可以找任何人討論，表達「我想這樣做」的意圖。這時一定會出現正反不同的意見，不妨趁這機會再次審視自己的想法，提高可行性。

值得注意的是，沒有人會因為別人信賴自己而覺得心情不好。

我有兩位朋友在同一家公司工作。其中一個很會撒嬌，遇到事情會向別人請教，並且照對方的建議順利完成任務。另一位則生性古板，總是悶著頭默默做事，儘管給人感覺是認真踏實，但是連犯一點小錯都會害怕，因而裹足不前。

至於哪一位比較吃香？自然是會撒嬌的那位。由於備受疼愛而獲得同事傾囊相授不少工作撇步，工作成效也深受肯定。

你是屬於哪一類呢？我不能斷言哪一種最好，建議各位根據自己的個性加以判斷。

④該休息就休息

日本白領階級的生產力在先進國家中算是相當低落的。據分析指出，這是由於長時間工作所造成。帶薪假的消化率在先進國家中也屈居下位，可以說日本人依然是處於過勞的狀態。

包括加班時間在內，假設十小時內能做一百件事，若是扣除可提升工作效率的兩小時休息時間，即表示八小時內可以做一百件事。只要能提高工作效率，僅僅撥出十小時中的二〇％來休息，應該不成問題。

又或者提早兩小時下班，讓自己隔天得以精神奕奕地投入工作，仍是有可能提高兩成的工作效率。

大腦會在睡眠期間鞏固記憶。眾所周知，睡眠不足會使讀書效率變差。與其熬夜縮短睡眠時間，不如睡飽後再早一點起床，利用短時間集中注意力讀書，更能提升效率加深記憶。

大腦也是身體的一部分，與身體的活動密不可分。因此，充足的睡眠可讓身體與大腦維持正常運作。

到底要睡多久才夠？這個問題的答案雖然因人而異，不過，一般來說一天需要八小時的睡眠。即使難以睡到八小時，不然至少也要睡足七小時。

「明天上午前一定要完成簡報資料！」除非是類似這樣的緊急狀況，否則不要在公司加班到深夜。提醒自己儘早下班，如此一來，相信就能加倍提升平時的工作效率。

⑤ 從失敗中記取教訓

不必認為失敗都是自己造成的；而且即使失敗了，也不要急著逃避，首先要冷靜沉著，好好從失敗中記取教訓。如果能沉著面對，即表示控制情緒的能力訓練得相當不錯。

不論是工作或念書，遇到挫折難免會產生負面情緒，並且焦慮地想：「考試如果不及格，該怎麼辦？」、「挨上司罵了，我是不是要被炒魷魚了？」然而，相信不少人都在事後發現，這些誇大的想像實際上大多是杞人憂天。

我也有過不少失敗經驗。這時候我會好好反省：「失敗是理所當然，成功才是走好運。」、「因為方法錯誤才會失敗。」或是「太堅持己見，不願嘗試其他方法所以才慘遭滑鐵盧。」只要懂得虛心檢討，一定會從失敗中學到許多教訓。

一般認為，能這樣想的通常是生性樂觀的人，但實際上未必如此。凡事都需要透過訓練才能熟練，平時若是從小事開始練習轉念的能力，當習慣成自然，便能保持樂觀的心境。

⑥不要隨便批評別人

當人受到情緒影響時，心裡所想的往往就會衝口而出。奇妙的是，一旦話說出口後確實會感到無比暢快，所以才有「別人的痛苦，就是我的快樂」這句俗語，又或是藉著說別人壞話而得到快感。

有一點請注意，「說壞話」與「批評」是兩回事。說壞話不可取，出言批評則可慎行。

說壞話大多是連同對方的個性、長相等難以改變的部分都大肆抨擊。又或是發洩情緒，只會互相扯後腿，對自己與對方都沒好處。對於隨便口出惡言的人，把他當成是自卑心作祟就好。這種人的嫉妒心也十分強烈，由於言行舉止受到負面情緒影響，在得不到別人認同的情況下，也無法接受別人的意見。

至於批評的原則，是當對方的方法或觀念已偏離原本的目的，因而對此提出具體的意見。

然而，即使是站在提供對方意見的善意立場，在批判之前仍要冷靜思考。可以不加以批判自然是最好的，畢竟肯虛心接受批評或壞話的人並不多。

請務必注意，痛快淋漓地批評對方，極有可能在不知不覺間演變成口出惡言。做個聰明的人，懂得掌控情緒而「擅長讚美」吧！

⑦不要認為「模仿別人」是壞事

一般對於「模仿別人」沒有好印象。從東京奧運會徽引發的問題[1]來看，大家對此反應過度，或許就是基於這樣的觀念。

不過，模仿真的是很糟糕的事嗎？以我和許多不同領域人士相處的經驗來說，愈優秀的人愈不會堅持獨樹一格，反而願意仿效別人。

我絕對不是在炫耀，但我當年是應屆考上東大。不是因為我特別厲害，而是模仿擅長讀書的前輩及同學的成果。我準備考試的讀書方式，絕不是自成一格，而是透過借鑑提高讀書效率，進而產生好結果。

相反地，有的人則因為堅決不模仿而停滯不前，再也無法進步。

1　二〇二〇年東京奧運籌委會宣布撤銷二〇一五年七月公布的奧運會徽，理由是「T」字形會徽遭指控與比利時列日劇院標誌雷同，疑有抄襲之嫌。

我有一位朋友想當職業高爾夫球選手。他每天都去練習場練習，每星期都參加比賽以累積實戰經驗。對於高爾夫球的知識一點也不輸職業選手，練習的次數也比照職業選手，甚至更多，但他始終堅持自成一格的球技。

因為這個緣故，他的成績好幾年都沒進步。另一位朋友看不過去，送他一本分析老虎伍茲球技的書籍，勸他從中學習高手的技巧。可是他卻不以為然，甚至把書轉送給別人。他的理由是：「我的體型和球風跟老虎伍茲完全不同，參考也沒用。」這位朋友的球技後來也一直沒有進展。

不僅高爾夫球如此，我認為不管是念書或工作，只要找到成功的學習榜樣，不必在意對方的年齡，最重要的就是要加以模仿。即使對方的成就遠非常人所能及，也不要妄自菲薄，自我期許總有一天也能做得到。努力的過程肯定並不順遂，既然採用自己的方法處處碰壁，不如觀察並仿效別人，獲致成功的機率絕對會超過現在。

總之，先從改變觀念做起，不要認為「模仿別人」是壞事。模仿成功者的行為，直到你真的成功。

以「旁觀者的角度」重新檢視自己

請根據上一篇文章所介紹的七個習慣，檢視自己的心態。如果能分析自己擅長與不擅長的事，即可踏出成功的第一步。

再者，要培養自我檢視的能力，例如自己的想法是否偏頗？是否能從客觀角度檢視自己？

認知心理學將此稱為「後設認知」（Meta-cognition）。後設認知能力強的人，能了解自己怎麼做會變得更好。換句話說，這樣的人懂得改進自己的個性。這無關能力，不如將它視為一種態度。

以下列舉幾項重點，請各位一一確認自己的想法是否有所偏頗。

——你是否受情緒影響而做出錯誤的判斷？
——目前所處的環境（職務等）是否會影響自己？
——過去的體驗與知識是否會影響自己？
——你是否具備必要的知識與體驗？
——你是否經常分心，注意力不集中？

透過自問自答了解自身的心態，反躬自省，讓自己變得更明智且謙遜。

像這樣，善加運用後設認知，即可妥善控制情緒。

第5章

不是沒有情緒，而是別被情緒左右

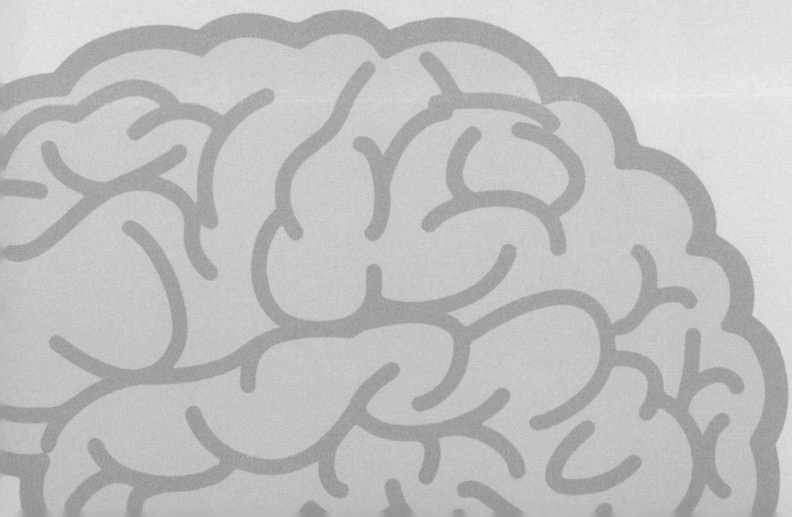

練習 44

不堅持所謂的「堅持」

除了借助額葉功能外，也可藉由調整心境與想法有效控制自己的情緒。本章將介紹不讓情緒影響心境與想法的基本習慣。

人都有七情六慾。有悲傷、焦躁、不甘心、厭惡、嫉妒等負面情緒，也有喜悅、感動等正面情感。當中的厭惡、嫉妒等負面情緒容易盤踞內心，一旦深陷其中即難以擺脫。

儘管如此，若是懂得控制情緒化的言詞，或者懂得適時轉念，多半就較能泰然處理自己的情緒。總而言之，學會掌握幾項重點，便不會再飽受情緒困擾。

首先是捨棄無謂的堅持。每個人當然都有自己的立場，從程度輕微的「我喜歡這樣」，到事關重大的「說什麼我也不能妥協！」。

一旦「堅持所謂的『堅持』」，心態也會變得執著。很多時候，自認為擇善固執的事，只不過是自己的一廂情願。試著將之放下，有時並沒你想像中困難，這僅是堅持所謂的「堅持」所造成。而且大部分自認為的「堅持」，實際上並沒有那麼重要。

另一個重點是明白「想太多也無濟於事」。

如果是你情緒激動，難以平復，解決方式便是回頭想想受到刺激的原因是什麼。最常見的情況是僅僅因為自己反應過度而情緒激動，但事實上根本沒什麼大不了。如果意識到這一點，或許會覺得焦躁的自己看起來是如此愚蠢。

每個人都有心情煩躁的時段，有時還會加上睡眠不足或肚子餓等令人難受的生理狀況。很多人在事後才反省道：「我當時怎麼會為了那點小事就發那麼大的脾氣？」

若是無法靜下心來找出理由，問題就會無解。例如，你心裡不滿地想著：「我討厭他那樣。」如果有具體原因，也許可以當面向對方提出改進的建議；但若只是「莫名地厭惡」，就無法扭轉自己對於對方的厭惡之情。

有時候我們就是會沒來由地討厭某個人，或許這就是俗稱的「不投緣」，若執意想要改善這種情況，不是很不智的行為嗎？花時間改善現況也是白費心力。反正是毫無理由自然產生的情緒，與其執著於「我討厭他」，不如認清彼此就是不投緣，至少不會讓負面情緒繼續擴大，也不會受情緒左右。

請試著「捨棄無謂的堅持」及「認清事實」，相信這樣做將會大幅減少受情緒影響的情況。

練習 45

改變，先從自己做起

各位是不是有過類似下面的經驗呢？例如和公司某位上司合不來、跟同事說話總是一肚子氣或感到不耐煩。

如果每次與某個人相處都倍感焦躁，或許會覺得是自己無法妥善掌控情緒吧！在現代錯綜複雜的人際關係中，有這類困擾的人應該相當多。

想當然爾，世上所有人事物不可能只為了自己而存在。但即使心裡明白這一點，仍始終難以承認自己就是問題所在，這也是人之常情。

例如，若在公司裡遭到上司挖苦，心裡自然不好受。雖說如此，若只因為這樣而影響情緒的話，原本處理得心應手的業務工作也會踢到鐵板。這樣不是很得不償失嗎？

遇到這種情況時，可試著改變待人的態度。一開始或許很難徹底改變，但做做表面功夫應該並不費勁。

舉例來說，對於不投緣的人，不妨在早上見面時主動笑著打招呼：「早安！」、「謝謝你上次幫忙！」這麼做會產生意想不到的效果。也就是在當天與對方初次見面時，改用不同於以往的態度。打招呼後也不必再多說話。

像這樣，藉著放下無謂的堅持來改變自己，不是比較好嗎？事實上，對方的反應往往也會跟著改變，不再出現令人火大的場面。

試想，如果一直看不順眼的人向你打招呼，你心情是不是也會好一點呢？那麼，試著先從自己做起吧！

練習 46

中年歐巴，更要練習不焦慮

一般來說，隨著年齡增長，男性會比女性更容易感到焦躁。

精神分析理論認為人類的基本需求之一，便是滿足「自我實現」的慾望。若是無法滿足此一需求，就會因為情緒不穩而焦躁不安。

滿足自我實現的需求不僅僅是往內求，還需要得到別人的讚美、關注與支持。請想想，你是否覺得年紀愈大，自我實現的需求愈來愈得不到滿足呢？

年輕時，我們有來自另一半的期待，工作表現良好也會受到稱讚及鼓勵，但是步入中年後，夫妻間的關切逐漸變淡，正面的互動也愈來愈少；職場則是長江後浪推前浪，是年輕人的天下。

孩子年幼時，還會貼心地鼓勵自己：「工作加油喔！」或者崇拜地說：「爸爸好厲害，什麼都知道！」可是到了青春期，便開始對父母感到厭煩，懶得跟自己說話。

在工作方面，已可看出自己到底能不能出人頭地有番作為，也預想得到未來的大致發展。到了這個階段，若是不受上司重用，又被下屬瞧不起，不僅無法滿足自我實現的需求，更會覺得事事都不順心。若轉而尋求自我實現，卻容易招來反效果。例如為了博取別人的尊敬而自吹自擂當年的豐功偉業，反倒陷入惹人嫌惡的惡性循環。

過去公司會按照資歷或輩分升遷，即使在工作上毫無建樹的人照樣能升職、加薪，藉由這份成就感就能滿足自我實現的需求。但是現代甚至出現了「老害」[1]一詞，表面上看似尊敬年長者，實際上卻是輕蔑漠視。

既然在職場與家庭裡無法滿足自我實現，便需要往其他地方尋找。

例如，可以主動擔任自治會或町內會[2]的志工。目前每一處自治會或町內會的成員都有高齡化的趨勢，由於成員幾乎都超過六十歲，因此希望四十歲、五十歲的新血加入。如果能在這類的組織有所貢獻，不但人們會感謝你的付出，別人也會肯定你是個有用的人。

或許有人會想：「我並不適合當志工啊。」既然如此，不妨去俱樂部或小酒館等場合暢談當年勇，博取眾人的正面回應：「嘩，是這樣喔。」、「好厲害啊。」當然，只要掏出錢來就能享有這類的待遇。但是就滿足自我實現的需求來說，倒是不錯的處方箋。

總而言之，請先有心理準備，男性過了中年以後很容易感到焦躁。至於妥善面對焦躁的方式，便是了解這種情況是因為自我實現的需求得不到滿足。

1 意指企業或政黨等組織中，手握大權不肯交棒給年輕人的老人。
2 日本社會的自發性基層社區組織。

練習 47

技巧性地退讓，才能成為贏家

在公司開會時，即使提出自認為正確的意見，其他人也未必會接受。假使自己的意見從客觀角度來看是正確的，也常因為和對方不對盤而不被採納。更何況，當工作進行得不順利，如果一味堅持自己沒有錯、自己是正確的，對方聽了也不是滋味。

在這種情況下，是否該考慮改變說話的方式呢？

這時候必須先顧及對方聆聽時的心情，冷靜下來，暫且擱下自己的主張。

例如可以說：「如果你有任何不滿，希望你在這裡一次說出來，我會慢慢聽你說。」

像這樣，先緩和對方的情緒，原本劍拔弩張的氣氛說不定能因此轉為融洽。

或是在討論陷入僵局時，出其不意地接受對方的提案，讓對方大感意外，一時不知該如何回應。此時，對方的態度即有可能軟化，讓討論進展順利。

此外，認同對方的主張，也能讓對方暫且放下防衛的姿態，冷靜下來後再重新討論的可行方式。向對方讓步，自己吃一點虧，看似有損自尊，但仔細想一想，對方如果能轉為接受自己的提案，反而收穫更大。

千萬不可以說：「你之前也是那樣說啊。」、「你每次都這樣吧？」這樣的說話方式過於意氣用事，會令雙方無法靜下心來好好談。

而且，「你每次都這樣吧？」這句話，一般是用在不好的情況。背後含有「我已經聽膩了」的意思，對方聽起來當然會感到受辱而發火，彼此的討論也遲遲無法達成共識。

這時必須要認清，自己並無法控制對方的心情與感受。唯有先自我改變，採用循循善誘的表達技巧，使對方逐漸接受你的想法，才能冀望對方有所改變。

雙方各自帶著情緒硬碰硬是最糟糕的局面。為避免發生這種情況，重點在於先試著控制自己的情緒。

練習 48

身體狀況會影響情緒

人往往在不知不覺間受情緒影響。如果都能以「那也是沒辦法的事啊！」這種雖不滿意、但勉強能接受的態度敷衍過去的人倒是無妨，但有的人並不是如此大而化之，便容易受情緒影響，飽受焦躁與煩悶所苦。

負面情緒有時是身體狀況所引起。即使是與平時交情不錯的同事或朋友相處，當自己身體不適時，不是也會感到焦躁嗎？在身體無恙時還可以在表面上裝得若無其事，但如果感到疲憊時，一點小事都會使怒氣加倍。

此外，經常頭痛的人，也會常因為雞毛蒜皮的小事感到不耐煩或氣憤。

像這樣，明明是身體不舒服，反而怪罪別人。在無法控制對方情緒的狀況下，對方又不照自己的意願去做，因此更加煩躁不安。

首先要確實了解「身體狀況會影響情緒」這件事。平時多注意調養身體，一旦發現情緒莫名激動，務必傾聽身體的聲音，確認健康是否出了問題。

反過來說，活動身體對情緒則有正面影響。

情緒不佳時，出外動一動可以轉換心情。老是宅在家裡的人不妨出來打掃院子、帶愛犬出門散步，心情也許會舒暢一些。

平時常出門走走的人，大多顯得開朗有朝氣。走路可使身體變好，人看起來有精神，情緒也會沉穩許多。

請務必記住，活動身體有助於改善情緒，動一動就有好心情。

練習 49

找不到解決之道的事，就先暫放一旁

人遇到問題時，會在腦海裡想像各種情況，思考解決辦法。但有時候絞盡腦汁也苦無良策。既然耗費時間也找不到解決之道，這件事肯定是「眼下再怎麼想也無濟於事」。

在這種情況下，乾脆先不要想。有句俗諺也說「耐心等待，航路自然晴朗[1]」，不久的將來必定會有轉機。

思緒雜亂時，不如依照之前提到的方式。像是去任何地方旅行，也可以出門在家附近走走。

或只是伸伸懶腰也可以。因為肢體的活動，不但能紓解壓力，更可以活化身體狀態，讓頭腦更靈光。這時候不要一心只想解決問題，只要純粹散心或放空就好；你的心情也會感到輕鬆得多，這總比什麼都不做、坐困愁城來得好。

又假設與客戶起衝突，一時之間不知如何解決，這時不妨暫退一步，先找經驗豐富的資深同事商量。

即使想到了適合的解決辦法，也不要當成最後的定案，而是做為暫時的權宜之計。然後就先將此事暫放一旁，靜心等待更好的想法出現。

暫時擱下眼前急迫的事情確實需要勇氣。然而換個角度思考，即使整體而言多花了一點時間，但如果後續作業能因此順利進展，便足以彌補時間上的損失。

---

1 比喻「守得雲開見月明」。

練習 50

「反省」無法改變過去，但能改變未來

每個人都有沮喪的時候。有時我們會知道沮喪的原因，有時則不然。莫名感到沮喪時，暫時讓身心休息，即可慢慢恢復心情。情緒原本就是有起有落，沒有人可以一直開心充滿正能量，你必須允許自己可以有心情低落的時候。

但是當腦海裡充斥負面想法時，會使情緒難以掌控，造成心情始終低落，只注意到自己的缺點，又或是看什麼人或事情都不順眼，讓負面情緒猶如連鎖反應般愈形擴大，陷入壞心情的惡性循環裡。

「反省」有兩種，一種是著眼於找出具體改善方案，深切反省「下次要這樣處理」；另一種反省則是不可取，只會針對無法改變的過去，懊惱地想：「是我自不量力。」、

「當初不那樣做就好了。」

後者的反省已於事無補，只會陷入「愈想愈煩悶」的狀態，也可說是「情緒影響認知」的狀態，使人不斷設想最糟糕的情況。

想讓沮喪的心情恢復活力的重要關鍵，便是不以後者的方式自責懊悔，而是朝著能改善未來的方向積極前行。

心情沮喪時，往往會執著於「過去」。但「過去」是最無力回天的事實。「為什麼我考不上那間大學？」、「為什麼我沒辦法當經理？」這類的悔恨屢見不鮮。一味回想著、追悔著已發生的事，也無法改變既定的事實。

儘管我們無法改變事實，但卻能改變對事物的看法。若是對現況感到悲觀，或許就很難轉換心境，當自己能持肯定態度面對目前的情況，相信也能改變對過去的看法，進而轉念心想：「因為沒考上那間大學，我現在才會這麼努力想爭口氣。」、「因為沒當上經理，我現在才能在非領導階層的員工中表現得很出色。」不要想著「沒做到的事」，而是將重點放在「已經做到的事」。如果能因此自我肯定，也會逐漸恢復自信。

最重要的是在沮喪時懂得轉念，試著以正面角度看待事情。希望各位能轉換思維，像是：「不要在沮喪的時候反省自己」、「即使處在負面狀態中一定也有正面的意義」。

練習51

冥頑固執V.S.彈性變通

人生在世，最好不要有太多「應該這樣」的堅持，才能平心靜氣過日子。

太固執己見，會使人更加情緒化。當自己的意見遭到否定，自我實現的需求得不到滿足，就會出現「別人不這樣做，我就會生氣」的狀況。

面對不合理或不愉快的事情而忍不住情緒化，未必都是壞事。例如，因為自己被騙而感到生氣，基本上是出於本能反應。

但如果是因為堅持「本來就應該這樣」的己見而情緒化，會引發超出本能反應的負面情緒。此時，只有放下固執的堅持，才有可能撫平焦躁的情緒。

任何人年過四十以後，都有自己的一套人生標準。所謂的標準，不外乎堅持「應該這樣做才是對的」，但是它絕非不可撼動的金科玉律，應當成一時的信念就好。

有時過於執著，反而變成是「偏見」了。如何能得知我們是「擇善固執」，又或者是難搞的「老頑固」呢？只要去看看其他人的反應就知道了。如果按你的原則行事時，其他的人都覺得很愉快，就表示這個原則是對的。但當多數人、甚至是每一個人都覺得很痛苦，只有自己還自以為是，那麼這個想法或許就是個人的偏見，需要調整了。

練習 52

放下得失心，後退才能前進

想要培養不受情緒控制或影響的心理習慣，便是不要有強烈的得失心。

如果凡事都有想一決勝負或一較高下的好勝心，想法會愈來愈僵化。像是認為自己若是輕易接受對方的意見，就代表輸了。因而事事搶第一，處處爭成功，為了面子，即使錯了也不服輸要堅持到底。

另一方面，與「一決勝負」相反的想法是「權宜得失」，這是以利益得失當成判斷的標準，我覺得這樣做並不是壞事。

從前的大坂[1]商人流傳一句話：「低頭道歉不值錢。」意思就是，他們認為只要結果對自己有利，姿態擺得再低也無所謂。

當社會地位隨著年齡增長而提升，多數人也愈來愈難以向人低頭。有些人認為委曲求全不利於談判交涉。但是僅僅是放低姿態而已，並不會對談判交涉造成損失。低頭、放下身段也是一種技巧，可滿足對方的自我實現需求，最後欣然答應自己的條件

這種態度可說是「捨名取實」。不過，目前似乎有愈來愈多人無法表現出有限度的屈服或退讓。

低頭道歉也不算是難事。暫且放下身段之餘，不斷思考：「怎麼樣才能讓對方接受我的條件？」，伺機捲土重來。像這樣，能夠如此靈活應變，便是額葉發揮功能所致。

1 大阪原名「大坂」。

練習 53

將「棘手」與「痛苦」在大腦裡轉為喜悅

任何人都想隨心所欲做自己想做的事，但長大後會發現愈來愈難以如願。每個成年人應該都有這種感受吧？然而，即使是逼不得已做不想做的事，也依然有辦法激發自己的熱忱。

以我來說，便是藉著「犒賞自己」激發熱忱，也就是將收入的五％用在自己身上。我目前是用來買葡萄酒。當然，前提是事情進展順利才會這麼做。但是因為可以自我獎勵，即使對於眼前的事情興趣缺缺，仍是可以藉此激發熱情。

我在學生時代想了各種念書方法，後來明白過度自我克制反而會降低念書效率，於是換個方式，只要按照進度念書後，就犒賞自己去看最喜愛的電影，念書效率因此頓時大幅提升。

我在大學攻讀醫學，說老實話，剛開始念得非常痛苦。醫學課程需要念的文獻十分艱深，以我的能力，必須花很長的時間才能理解其中的內容。然而，有件事成為改變我學習的轉機，讓我原本覺得棘手的課業變得不那麼痛苦了。以下會有詳細的說明。

熱忱並不是自然而然產生，但是可以靠改變想法加以提升。在此將我的經驗歸納為下列三項重點。

各位也可將念書替換成工作，將這些原則應用在職場上。

① 將學習方向轉為感興趣的項目，刺激自己鑽研該項目

我大學時考上了醫學系，但其實當初我對每一個科系的課程都提不起興趣，因而始終無法決定想要選定哪個科別。不過，我在打工擔任雜誌社記者期間開始關注社會問題，因而對於能解決壓力困擾的精神科產生興趣。

然而，決定成為精神科醫師後，實在難以理解以德國艱澀精神病理學為主的教學課

程。即使對精神分析有興趣而開始研讀佛洛伊德，也仍是一頭霧水。

就在此時，我參加了慶應義塾大學開設的研習會，席間由數名精神科醫師擔任講師。起初我很擔心會不會聽不懂，但是這幾位教授全是知名精神科醫師，演講內容深入淺出，我也因此吸收到許多精神醫學的相關知識。

後來因為想要繼續深造，於是前往美國留學。由於當時已有好幾位優秀講師啟發了我的學習熱忱，使我感受到學習的樂趣，甚至連精神分析以外的精神醫學也讀得津津有味。自從對精神醫學興趣大增，便自然而然激發了學習的動力。

各位在工作上或許會認為：「我這輩子一定要在這個領域深耕發展。」實際上，大多數情況並非如此。**如果實在覺得工作很痛苦，不妨下定決心轉換跑道。這不僅限於改行，即使在同一家公司，也可以考慮變更工作類型，接受不同於以往的挑戰。**

就算一如既往做著無聊的工作，也有可能遇見好上司，參加研討會，或者恍然大悟後開始對某件事感興趣。最重要的是要積極尋求這類的轉機。

②在嘗試過程中培養「內在動機」

原本不愛念書的我，因為「轉換跑道」及「遇見良師」而激發了熱忱，最後也感受到念書的樂趣。

想要激起熱忱，首先要尋找自己有興趣或能激起好奇心的事物，但是這並不容易。這時就要轉為探尋一般所說的「可以賴此維生」的環境動機。大致了解內容後，即可推測自己是否能做得下去。如果能撐下去，便試著認真投入那份工作。

以我來說，當年是抱持對自己半信半疑的心態踏入精神醫學領域，不過，愈是深入這塊浩瀚領域，愈能感到箇中妙趣。不論工作或念書，經常是一開始興趣缺缺，但在懂得訣竅或得心應手後，便能樂在其中。

一般往往認為要有熱忱，工作才會進展順利，但有時也會在邊做邊學中產生樂趣。**心理學家阿德勒也認為，如果能在工作時感受到自己對別人有貢獻，便能激發喜悅的情緒，湧現工作的動力。**

以業務工作為例，有時顧客也會表達謝意吧？如果能得到足以激勵情緒的回應，工作也會顯得有趣許多。

像這樣，若是能產生「激勵情緒↓提高熱忱↓工作順利↓激發情緒」的良性循環，那是再好不過。

③逐步改變自己所處的環境

踏出社會後若是想進修，如果是中高齡者，一般人往往會聯想到與一群年輕人一起學電腦的情景。然而，如果是想取得在公司工作所需的資格或證照，最好還是與同輩的人一起學習比較好。

若是同公司的職員，因為擁有相同的學習目標與工作熱忱，較容易找到志同道合的同伴，相形之下，在其他環境則不容易交到朋友。只不過，如今也已能輕易透過網路的社群媒體認識同好。

此外，也可多參加自身專業領域以外的公司外部讀書會。坊間這樣的活動不少，主題也包羅萬象。如果是技術人員，參加公司業務以外的研習會也能得到良性刺激。此外，學習了解顧客的需求，或許也能在公司研發新產品時提供一臂之力。

以我自己為例。我有時就會參加與經濟議題相關或與政策建議有關的讀書會，積極學習醫學以外的事物。

跳脫一成不變的生活，嘗試探索新的興趣的人，腦部的活化程度肯定也會大躍進。

第 6 章

最實用的
EQ訓練法

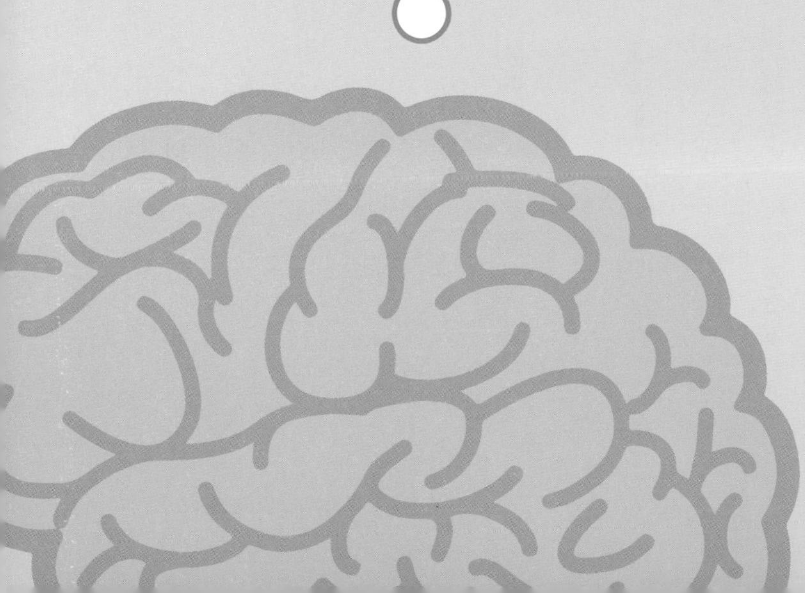

練習 54

四十歲後更要強化EQ

為了讓自己在四十歲後仍舊動力十足，一定要再度激發自己的熱忱，而重點就在於「自我激勵」。

人至中年，若是不注重加強額葉功能，不但ＥＱ會衰退，自我激勵的能力也會跟著下降。

到了四十幾歲的後半段，或多或少已能預測自己未來在公司的發展，年輕時曾發下「我一定要出人頭地」的豪語與熱忱也已逐漸消磨殆盡。

即使奮發向上的期待不如從前，但至少仍要對工作保有熱忱，只是有不少人故步自封，對未來深感茫然與失落，總覺得提不起勁。

此外，現今職場不僅不再依照資歷與輩分升遷，反而大幅裁撤中高齡員工，有人在被裁員後即產生嚴重的失落感而罹患憂鬱症。

尤其是男性，一旦失去對工作的幹勁與熱忱，對人生便喪失衝勁與樂趣，這種例子更屢見不鮮。

也許有人會說，把心力投注在自己喜歡的嗜好上不就好了嗎？話雖如此，但想要找到比工作更能讓人產生成就感的嗜好並不容易。

人需要別人肯定自己的存在價值。如果無法滿足這項需求，對於人生也會難以產生熱情。因此，四十歲以後必須提醒自己加強ＥＱ。

練習55

讓EQ精神變年輕

如第一章所提到的，鍛鍊額葉不僅可避免產生令額葉衰退的負面因子，也能達到正面效果。而加強EQ即可達成正面的效果。

本章將探討如何透過訓練，在中年以後把握機會提高EQ。

邁入中年後，處在現代社會的主要課題，便是讓周遭的人肯定自己是幹勁十足且積極向上的人，所以必須在日常生活中時常提醒自己加強EQ。

前面提過簡稱為EQ的「內心的情緒智商」，是中年人不可或缺的「腦力」。

我是心理學專家，也深入研究過EQ。得到的結論是，EQ不只是用來控制情緒，也是享有豐富精神生活的必要之物。

相較於會隨年齡增長而衰退的ＩＱ，一般人認為ＥＱ會隨年紀增加而成長，但事實上過了四十歲後，ＥＱ就會隨年齡增長而下降。換句話說，ＥＱ會成長到四十歲，此後若是置之不理，就會如前面所說的逐漸衰退。

事實上，額葉大多會從這個年紀開始萎縮，導致情緒老化與情緒控制不良；尤其是男性因為荷爾蒙減少造成人際關係能力下滑，連帶也會使ＥＱ能力減退。

反過來說，如果能避免以上功能衰退，繼續維持熱情，便能充滿活力。

練習 56

深入剖析自己，才能做好情緒管理

邁入四十歲以後，該如何提高ＥＱ？首先，必須檢視自己目前的身心狀態。因為如果不了解自己，便無法掌控情緒。

只是，不管年紀多大，許多人對於自己仍是一知半解。

接下來將探討如何深入自我剖析，以便更加了解自己。對自己了解愈多，不僅能妥善控制情緒，也能進一步提升ＥＱ。

前面提到ＥＱ是由美國耶魯大學校長彼得・沙洛維與約翰・梅耶教授共同提出，兩人對ＥＱ定義如下。

一、認識自身情緒的能力。
二、管理自己情緒的能力。
三、自我激勵的能力。
四、認知他人情緒的能力。
五、妥善處理人際關係的能力。

以下將根據這五項定義提出下列九個問題，請重新檢視自己目前的情況。

一、你喜歡自己嗎？

你覺得自己的個性是什麼樣子？別人喜歡這樣的自己嗎？

如果覺得「我喜歡自己」，那是再好不過。只要不是過度以自我為中心，自尊心確實是自我認同的重要因素。

雖說這世上也有人厭惡自己，或認定自己一定會交不到朋友，又或不受異性歡迎，但這種情況需要的是反省與找出解決方案，而不是先急著自我否定。

此外，一旦在家裡感覺另一半對自己的愛不如從前，或者孩子長大後變得與自己疏離，自我實現的需求便難以獲得滿足。

在這種情況下，若是能再次發掘自己的優點，心情或許會好轉。又如果能結交新朋友，或在職場上有談得來的同事，多少也會覺得自己的人生有點轉機。

二、你有良好的人際關係嗎？

擁有良好的人際關係是件幸福的事，但有許多人為此深感困擾。

你的人際關係是否良好，檢測的標準之一，就是你是否懂得與人相處。

大多數感嘆邁入中高齡後難有良好人際關係的人，最主要的原因是對生活失去熱情，也不再想積極認識新朋友。但是，不增加打擊次數，就不可能提升安打機率。同樣地，若是想增進良好的人際關係，就要拓展交友圈，而最有效的方法是參加之前曾提過的研討會或社團。

三、你對別人有同理心嗎？

日本人常常弄錯人們表面的態度（場面話）與內心的情感（真心話）。因此，想搞懂對方的情緒，最重要的便是站在對方的立場揣想其心情。換句話說，也就是對別人是否具有同理心。

在EQ的定義中也非常重視「同理心」，因為這是建構人際關係的關鍵。具備高度同理心的人，由於善體人意，應對合宜，因此很容易贏得對方的好感。

然而，光是站在對方的立場著想，仍是難以看透人心，所以還要仔細傾聽對方說的話，觀察其說話的音調起伏及臉上的表情。

此外，還要反省自己是否對別人帶有偏見。有的人執著於負面思考，不論對方說什麼，都覺得是在挖苦自己，這樣的人便是戴著有色眼鏡在看待所有的事物。

大多數人年過四十後，不僅累積了一定的人生歷練，且自認為見多識廣，對於人際交往會有自己一套見解，但最好還是要常反躬自省。

四、你能察覺別人的心理需求嗎？

在掌握對方的情緒狀況後，接下來必須努力回應對方的心理需求，讓他感覺被了解、被尊重，否則，我們無法與人達到情感交流的目的。

因此，請務必理解以下三項重點。

第一，凡是人都希望能獲得別人的肯定。每個人都有渴望別人認同的原始需求，所以會尋求能夠滿足這項需求的朋友。

第二，人都希望與自己喜歡的人在一起。如此，我們會覺得自己也感染到對方的氣息，甚至還會因為虛榮心而覺得自己高人一等。

第三，人都希望結識志同道合的人。這麼做會讓自己覺得與別人處於同溫層，是屬於同一國的，不會擔心和周遭格格不入。

先了解人類的這些基本需求，再思考對方是哪一種心態，便容易滿足對方的心理需求。

五、你的人際關係一成不變嗎？

當與人相處的模式陷入一成不變的模式中時，或許就會變得瞧不起對方。當對方稱讚自己，甚至還可能心生厭煩。

過了中年以後，許多人往往就不再拓展人脈。大部分原因是我們的生活圈已經固定，因而使得人際關係陷入一成不變的模式。

當發現自己愈來愈懶得與人交際時，極有可能難以擺脫負面情緒的模式，這一點必須特別小心。

六、你希望別人尊敬你嗎？

人生閱歷會隨年紀增長而累積，許多人即因此建立了幾分自信，希望別人肯定自己是有用的人，但這種心態有時卻會造成人際關係的莫大阻礙。

尤其是與輩分較低或年輕人相處時，總是忍不住擺起前輩的架子。

當你參加聚會時，如果碰到輩分比自己小的人未前來打招呼，是不是會感到心裡很不是滋味？

在公司獲得升遷後，希望別人尊敬自己的心情也會更加強烈。會對不懂職場禮節的晚生後輩感到不滿，其實是在所難免。然而，如果能對此有所警覺，克制自己這種自戀的情緒，檢視自己是否擺出高高在上的倨傲態度，人際關係即可變得圓融。

這種自戀的情緒不會自然而然消退，必須憑自制力加以克制。請務必有自知之明，

七、你討厭向別人道歉嗎？

社會地位一旦提高，即使擺架子、不再向對方道歉，自己也幾乎不痛不癢。相反地，如果備受眾人尊敬的大人物或上司向自己低頭，甚至道歉，滿足自我實現需求的充實感自然難以言喻。其實大人物只不過隨口對自己說聲：「對不起啊。」內心便洋洋得意起來。

如果自認為不是菁英分子，須留意這種心態可能會形成自卑感。這樣的人在公司

裡的地位一旦提高，自卑感很容易一百八十度大轉變，動不動便擺出高高在上的倨傲態度。

每個人都有這種反動情緒。若是能隨時自我警惕，秉持一貫的謙虛態度，一定會贏得周遭人們的敬意。

在日本社會裡，即使沒有崇高的社會地位，只要是年長者，自然會受到眾人的尊重。更不用說在公司裡的輩分或地位是屬於職權較高的人。

本來就不習慣認錯、自尊心較強的人，請要有心理準備，邁入中年以後，極有可能出現這種傾向。

八、你認為一切事物最終會否極泰來嗎？

「截至目前為止，你的人生是好事居多？還是壞事居多？」你會怎麼回答這個問題呢？

所謂「禍福相倚」，人生即如這句諺語所言，有好也有壞。雖說壞事沒有大小之分，但只要改變看事情的角度，未必不能釋懷。

一般人認為的「壞事」，其中一項就是失敗。例如公司因經營不順而進行裁員，從公司的立場來看，為了重新評估經營方向與重整財務狀況，裁員未必是壞事。但若反過來站在員工的立場，遭到公司裁員肯定是件壞事。

然而，如果改變觀點，對遭到裁員的當事者而言，也算是跳槽到其他業績良好公司的大好機會。運氣好的話，待遇有可能比前一個公司更優渥。

若是個人轉職，不要只在意年收入是否提升，而是把握機會，藉由新公司或新工作重新省思自己真正想從事的職業。也許就在轉戰其他跑道時，得以發揮潛藏的才華。

人生原本就是有起有落，在遭遇挫折時，不要因此失去信心，不妨將它視為學習的機會，並告訴自己：「一切最終會否極泰來。」

九、你會化危機為轉機嗎？

但凡是人，就難免會感受到痛苦與失落。而你面對這些情緒的態度，將左右你的人生。

也許有人會心想：「我不能再這樣下去，一定要振作起來。」但是我不認為這段受挫的期間是毫無意義的，而會將它視為「放空的大好時機」。此時，我希望你不必勉強自己振作心情，而是先暫時忘卻煩心事，只在腦海裡回想「過往的美好回憶」。

例如，與初戀對象的青春回憶；步入紅毯另一端的回憶；另一半第一次將薪水交給自己，兩人一起去餐廳吃飯慶祝的回憶；或者是現在，收到孩子或孫子考上高中或大學的通知等等，想必每個人都有不少回憶吧？回想這些美好往事，會發現人生其實並沒有那麼糟。

練習 57

借鏡他人的成功與失敗

把握機會提高EQ時，請務必試著「模仿別人」。

前面已提過模仿的重要性，在工作方面，懂得放下身段學習別人長處的人較有機會成功。能放下身段仿效別人，可說是額葉功能佳的表現。

堅決認為「模仿別人」是不好的行為，而不懂得學習別人的成功經驗或失敗教訓，即表示缺乏靈活變通的能力，也就是EQ程度不高。

在此舉例說明如下。

A個性機靈，說話風趣，因為與接待顧客互動良好而大受歡迎，工作表現也不錯。

但缺點是談吐有些單純且缺乏深度。雖然可以勝任基本的業務工作，但遇到稍微複雜的工作內容，就會感到焦慮而不知所措。

B則是個性積極，求知慾旺盛。由於處事沉穩，發言謹慎，因此深受顧客信賴，工作能力當然也可圈可點，但是不會主動嘗試新的挑戰。由於凡事都是經過深思熟慮後才付諸行動，所以往往無法比別人搶得先機。

還有一位個性踏實的C，較不引人注目，既不太受顧客青睞，辦事能力也不算出色，在周遭人們的眼裡，就是所謂的平凡人。不過，他會努力鑽研與工作有關的過往記錄，參考前人的經驗行事。

這三人當中，工作上獲得最多成功的會是像C這樣的人。

C也將這套方式運用在讀書考照上。為了考取證照，C選擇函授教育，在沒有上過任何考前衝刺課程的情況下就順利考取證照。他表示自己是在做考古題時學到解題的訣竅，反覆學習。

不論是工作或是考試都一樣，一定會發生與過去類似的情況，有前車之鑑可供學習。如果沒有人向我們提供失敗的教訓，我們將一事無成。藉由學習前人的經歷，我們就可以汲取他人的成功經驗，記取失敗的教訓。

練習 58

跟成功的人學習成功之道

在上一篇文章中，C並不是用聰明的腦袋一爭勝負，而是藉著仿效別人達到成功的目的。如果在我們周遭有能力強的人，模仿對方的確會是獲致成功的捷徑。

但反過來說，即使是能力強的人也不要故步自封，而要懂得學習他人的長處。若是自信滿滿而不知變通，仍是會遇到瓶頸。

C乍看之下並不優秀，但是他不堅持墨守成規，也不剛愎自用，而是藉由仿效別人走出自己的路。真正有智慧的，也許就是像他這樣的人。

中國古代有一部家喻戶曉的《孫子兵法》。其中有一句至理名言：「知己知彼，百戰不殆。」據說拿破崙也將這句名言謹記在心。

這句名言若是套用在現代職場上，即表示如果能了解自己的能力專長與職場所需的技能，遇到自己不足以應付的場面時，只要懂得借力使力，即可提高成功的機率。順利的話，看似困難的任務也有可能迎刃而解。

這就是發揮前面提到的「後設認知」功能，在採取行動前先客觀檢視自己。善用模仿技巧，就能從旁觀者的角度觀察他人並加以學習。等到自己能做出正確判斷，再思考自成一套的有效方式。即使自己的方法取材自數人，只要能融會貫通，便是一種極具特色的自我風格。

練習59

不要過度自信，視成功為理所當然

當覺得意興闌珊或沮喪氣餒，腦海裡通常會亂七八糟地出現許多負面想法。在這種情況下，最容易自怨自艾，認為自己沒有才華或無能為力。

在此有幾個建議。首先，即使是真的資質不佳或技不如人，也要先自我激勵，想像自己終能成功。在情緒低落或沒把握能成功時，不妨利用這種方式讓自己振作。

如前面所提到的，成功的捷徑並不是堅持自我風格一意孤行，而是懂得學習他人的成功經驗，從中找到自己缺乏的長處。

另一項建議是不要認為，「這項任務之所以能成功，是因為負責的人本來就很優秀。如果是我的話，根本就辦不到！」會有這種想法，就表示是自卑感在作祟。態度謙遜固然可取，但也沒必要妄自菲薄。

雖說如此，但也一開始不要就對自己過度自信。成功時，自認為「我很聰明又有才華」的人，並不會去分析獲勝的要因。能夠深思「為什麼我會成功」的人，則會以理性的角度加以分析。

換句話說，重點不是要對自己的才能深具信心，而是要養成冷靜分析獲致成功的習慣，這才是成為人生勝利組的重要關鍵。

練習 60

播下種子，就會在最好的時機收穫

工作上提出的企劃案被打回票或遭受批評時，往往會使人心灰意冷，甚至認為對方根本不在乎企劃案是好是壞，只因為出於對自己的反感才會故意找麻煩。

會有這種想法就是對失敗太過敏感所致。任何人遭遇失敗時，難免心情會受影響，即使如此，仍希望各位能藉由成功的案例鼓勵自己。

舉個例子。也許有的醫師只著重於檢視病人的狀態，而忽略了觀察健康者的身體狀況。醫師的職責是治療疾病與傷口，這一點自然毋庸置疑；但也有人認為醫師同樣需要以醫學的觀點理性觀察健康者，藉此找出避免生病及維持健康的方法。因為醫師研究所得的健康法，大多是教導人們避免生病，很少教人如何過得健康安樂。

如果只著眼於失敗的案例，會使自己無法看清通往成功之路。當失敗案例縈繞腦海，最後就會覺得自己不管做什麼都會失敗。

也不要認為成功是來自自身的才能，而要虛心學習成功案例。能夠保持謙遜的態度，就是EQ的功用。

結語

「大腦愈用愈靈光」——這是本書從頭到尾強調的重點。我們可以輕易從身體的靈活程度，看出身體是否具有活力，但是用肉眼無法察覺「大腦的活力」。因為難以意識到大腦衰退，過去認為自己的個性就是「頑固而不知變通」、「不懂得調適情緒」，讀了本書後，應該會注意到這實際上是代表大腦正在老化。

大腦功能不會因為腦細胞衰減而大幅衰退，但其他身體部位並非如此。像是手臂肌肉若是減少而變細，便無法抬起重物。而大腦不一樣，因為大腦的儲備能力遠遠超出身體其他部位。

大腦會隨著年齡增長而萎縮，這或許可視為大腦消除了多餘的贅肉，變成「肌肉型大腦」。而想要擁有一顆「肌肉型大腦」，自然少不了鍛鍊。說到鍛鍊，總是給人刻苦的印象，但這裡所說的「鍛鍊」，指的是刺激大腦。

鍛鍊肌肉必須承受負荷量大的訓練過程，刺激大腦則不需要如此辛苦。只要自己感到愉快，就能充分鍛鍊大腦。

既然每天讓自己開開心心就能鍛鍊大腦，那又何難之有呢？

人生本來就應該樂多於苦。人身難得，姑且不論所面臨的種種問題，我們如今可說是活在人類前所未有的富裕、自由且和平的時代。

有的人說：「在死之前，人生都只是用來打發時間的。」我也這麼覺得。既沒有「非做不可」的硬性規定，也沒有「一定要這樣活」的桎梏。不論選擇哪一種人生，任何人都不應該在他人背後指指點點。

當然，不管是打發時間或者吃喝玩樂，仍需要賺錢滿足最基本的需求，才能每天有飯可吃、有遮風避雨的家，以及可保暖的衣物。然而，當前的時代可以自己栽種食物，房子也因為空屋率增多而有可能愈來愈便宜，就連衣物，只要不挑三揀四，甚至能以及其便宜的價格買到。

換句話說，在這物資過剩的年代，大可利用這些豐足物質享受人生。到了四、五十歲的年紀，已辛苦工作了幾十年，也該把錢花在玩樂上。

如今的時代已能搭乘新幹線直奔北海道，也有縱橫交錯、四通八達的高速公路。如果不好好運用這些資源，反倒沒有目的地拚命存錢，未免就太可惜了。

目前的年金制度必須等到六十五歲才能領到全額，即使未來也許能領到七十歲，但過了七十歲以後，男性大約還有十年、女性則還有將近二十年的時間才會走到生命盡頭。若是能利用這段時間投入自己的興趣，不管是哪一種領域，就算無法達到完美的境界，也有可能進步到足以將知識與經驗傳承給下一代的地步。

再說，孩子不可能永遠待在自己身邊，孫子也不一定會關心自己。既然如此，不如趁著四十歲的這段中年時期，尋找能取悅大腦的方法。

如果能因此享受人生，不僅不會只能對年輕人投以羨慕的眼神，還可以自信滿滿地炫耀自誇：「這些事年輕人哪會懂！」說不定年輕世代反而會羨慕自己道：「希望我老了也能像這樣。」

但願各位能消除多餘的「大腦贅肉」，發掘全新的自己。

如此一來，即使孤身一人，也能在臨終之際欣慰地想：「我的人生過得還蠻幸福啊。」

身體文化141

不讓情緒左右人生的用腦術：日本精神科醫師教你60種練習，鍛鍊大腦額葉，停止抱怨焦躁，遠離憂傷煩悶

作　者—和田秀樹
譯　者—莊雅琇
主　編—李宜芬
責任編輯—郭香君
責任企劃—張瑋之
封面、內頁版型設計—比比司設計工作室
總 編 輯—余宜芳
發 行 人—趙政岷
出 版 者—時報文化出版企業股份有限公司
10803台北市和平西路三段二四〇號三樓
發行專線—（〇二）二三〇六—六八四二
讀者服務專線—〇八〇〇—二三一—七〇五
（〇二）二三〇四—七一〇三
讀者服務傳真—（〇二）二三〇四—六八五八
郵撥—一九三四四七二四時報文化出版公司
信箱—台北郵政七九～九九信箱
時報悅讀網—http://www.readingtimes.com.tw
法律顧問—理律法律事務所　陳長文律師、李念祖律師
印　刷—家佑印刷有限公司
初版一刷—二〇一八年二月九日
初版二刷—二〇一八年三月二十二日
定　價—新台幣二八〇元

時報文化出版公司成立於一九七五年，
並於一九九九年股票上櫃公開發行，於二〇〇八年脫離中時集團非屬旺中，
以「尊重智慧與創意的文化事業」為信念。

不讓情緒左右人生的用腦術：日本精神科醫師教你60種練習，鍛鍊大腦額葉，停止抱怨焦躁，遠離憂傷煩悶 / 和田秀樹作；莊雅琇譯.
-- 初版. -- 臺北市：時報文化, 2018.02
面；　公分
譯自：「感情に振りまわされない人」の脳の使い方
ISBN 978-957-13-7316-4（平裝）

1. 情緒管理　2. 生活指導

176.52　　107000847

ISBN 978-957-13-7316-4
Printed in Taiwan